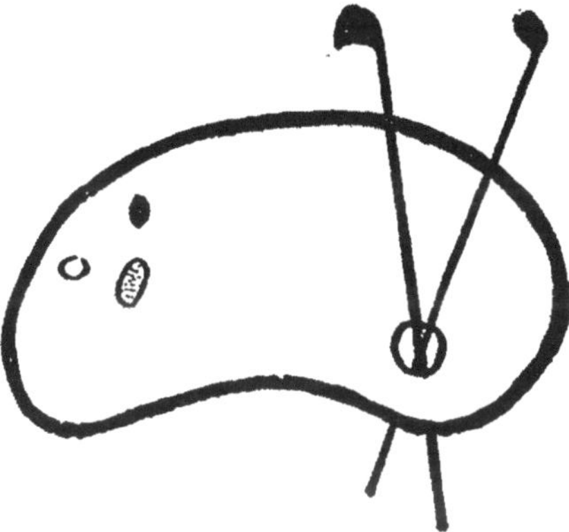

ORIGINAL EN COULEUR
NF Z 43-120-8

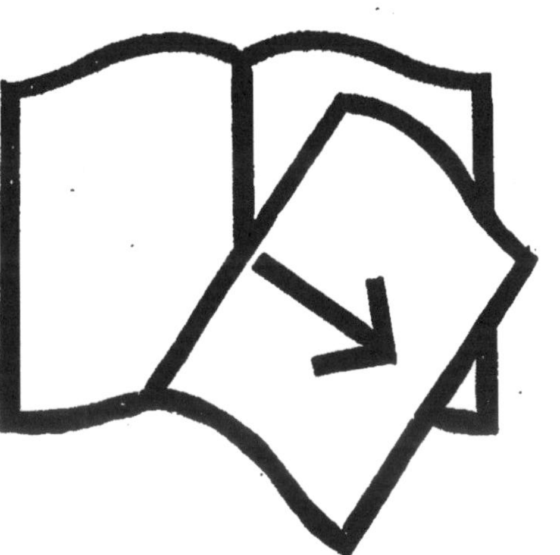

Couverture inférieure manquante

8° F
7333.

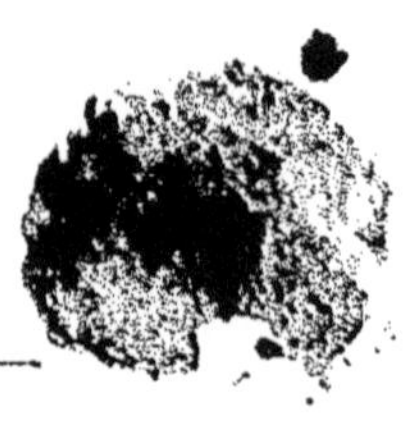

UNIVERSITÉ NATIONALE DE FRANCE

FACULTÉ DE DROIT DE LILLE

DROIT ROMAIN

De l'Adultère à Rome

DROIT FRANÇAIS

LES DÉLITS CONTRE L'ENFANCE

THÈSE POUR LE DOCTORAT

Soutenue le Samedi 21 Novembre 1891, à 2 heures de l'après-midi

PAR

ÉMILE BAILLEUX

JUGE SUPPLÉANT AU TRIBUNAL CIVIL DE VERVINS

LAURÉAT DE LA FACULTÉ

Né à Marquion (Pas-de-Calais) le 1er Novembre 1864

LILLE

IMPRIMERIE VERLY, DUBAR ET Cie, GRANDE-PLACE, 8

1891

THÈSE

POUR LE DOCTORAT

8° F
7833

UNIVERSITÉ NATIONALE DE FRANCE

FACULTÉ DE DROIT DE LILLE

DROIT ROMAIN

De l'Adultère à Rome

DROIT FRANÇAIS

LES DÉLITS CONTRE L'ENFANCE

THÈSE POUR LE DOCTORAT

Soutenue le Samedi 21 Novembre 1891, à 2 heures de l'après-midi

PAR

ÉMILE BAILLEUX

JUGE SUPPLÉANT AU TRIBUNAL CIVIL DE VERVINS

LAURÉAT DE LA FACULTÉ

Né à Marquion (Pas-de-Calais) le 1er Novembre 1861

Le candidat devra, en outre, répondre à toutes les questions qui lui seront faites sur les autres matières de l'enseignement.

LILLE

IMPRIMERIE VERLY, DUBAR ET Cie, GRANDE-PLACE, 8

1891

FACULTÉ DE DROIT DE LILLE

ENSEIGNEMENT :

MM.

DRUMEL (✱, O. I. P. ✿), Doyen, Professeur de Droit romain et chargé d'un cours de Pandectes, Membre du Conseil supérieur de l'Instruction publique.

DANIEL DE FOLLEVILLE (O. I. P. ✿), Professeur de Code civil.

FÉDER (O. I. P. ✿), Professeur de Code civil et chargé d'un cours sur une matière approfondie du Droit français.

GARÇON (O. A. ✿), Professeur de Législation criminelle, chargé en outre d'un cours d'Histoire du Droit romain et du Droit français, pour le doctorat.

VALLAS (O. A. ✿), Professeur de Code civil et chargé d'un cours de Législation industrielle.

LACOUR (O. A. ✿), Professeur de Droit commercial terrrestre et chargé d'un cours de Droit commercial maritime.

ARTUR (O. A. ✿), Professeur de Procédure civile et chargé d'un cours spécial pour le doctorat, sur les Saisies.

BOURGUIN (O. A. ✿), Professeur de Droit administratif et chargé d'un cours de Droit constitutionnel.

MOUCHET (A. ✿), Professeur de Droit romain.

JACQUEY (A. ✿), Professeur adjoint, chargé du cours d'Histoire générale du Droit français public et privé et d'un cours de Droit des gens.

BARTIN, agrégé, chargé du cours de Droit international privé et de science financière.

DESCHAMPS, agrégé, chargé du cours d'Économie politique.

ADMINISTATION :

MM.

DRUMEL (✱, O. I. P. ✿), Doyen.

FÉDER (O. I. P. ✿), Assesseur du Doyen.

PROVANSAL (O. I. P. ✿), Secrétaire.

JURY D'EXAMEN :

Président : M. GARÇON, Professeur.

Assesseurs :
- M. DRUMEL, Doyen.
- M. BOURGUIN, Professeur.
- M. DESCHAMPS, Agrégé, chargé du cours.

A LA MÉMOIRE DE MON PÈRE

A MA MÈRE

A MA SŒUR

A MA FAMILLE

DROIT ROMAIN

DE L'ADULTÈRE A ROME

INTRODUCTION

1. L'adultère est curieux à étudier, non seulement à cause des dispositions exceptionnelles que lui ont consacrées les législations romaine et française, mais encore pour les caractères spéciaux qui en font un indicateur fidèle de l'état moral d'une société. Peut-on, en effet, un *criterium* plus sûr de la pureté ou de la dissolution des mœurs que sa fréquence ou sa rareté? La continence d'un peuple n'est-elle pas en raison inverse des constatations répétées de ce manquement à la foi jurée? On s'explique dès lors que, par une conséquence nécessaire, la réglementation de l'adultère ait suivi les variations de l'opinion, et qu'en la matière les mœurs aient toujours été plus fortes que les institutions.

Cette vérité d'expérience, nous l'observerons en examinant quels résultats donnèrent les lois répressives édictées contre l'effroyable corruption de la Rome impériale ; nous la retrouvons dans cet aveu d'impuissance que laissait échapper le rapporteur du Corps législatif, M. de Montseignat, au moment de la discussion des articles 336 et suivants du Code pénal : « Il est une infraction aux mœurs, moins publique que la prostitution érigée en métier, mais presque aussi coupable ; si elle ne suppose pas des habitudes aussi dépravées, elle présente la violation de plus de devoirs : c'est l'adultère. Placé dans tous les codes au nombre des plus graves attentats aux mœurs, à la honte de la morale, l'opinion semble excuser ce que la loi doit punir : une espèce d'intérêt accompagne le coupable ; les railleries poursuivent la victime. *Cette contradiction entre l'opinion et la loi a forcé le législateur à faire descendre dans la classe des délits ce qu'il n'était pas en sa puissance de mettre au rang des crimes.* »

2. Le même phénomène s'était produit à Rome, où la loi Julia *de adulteriis* qu'Auguste tenta d'opposer, digue mal construite, aux envahissements de l'impudicité, ne tarda pas à tomber en désuétude devant le désordre des mœurs toléré comme un mal nécessaire. Il semble, après cela, que la raison soit impuissante contre la manière de voir du vulgaire. De là, toutes ces imperfections, toutes ces lacunes qui se révèlent dans les textes relatifs à cette infraction ; on y sent le désir de s'en tenir aux idées reçues, fussent-elles faussées. Loin de chercher à réagir contre les aberrations du jugement public, le législateur préfère suivre l'impulsion de la mode ; il craint de heurter l'opinion en proportionnant la peine à la gravité de la faute. Sans doute l'adultère sape les fondements de la société en ruinant le mariage et en désorganisant la famille : mais la loi restera lettre morte. Dans l'application, on ne punira qu'avec une molle indulgence par égard pour la malignité publique. Aussi le reproche qu'on peut adresser de ce chef à l'auteur de la loi Julia comme aux rédacteurs du Code de 1810 est d'autant plus justifié que là le mal était plus considérable, qu'ici il fallait, pour arriver à une pareille atténuation, abandonner l'esprit de sévérité qui a présidé à l'élaboration de nos lois pénales.

3. D'un autre côté, avec l'adultère s'est perpétuée jusque chez nous la manière primitive de concevoir la criminalité. A l'enfance du droit, la société se désintéressait du châtiment des fautes ; un dommage était-il causé, c'était affaire entre la victime et le coupable : l'idée de la réparation ne se dégageait

pas aussi complexe qu'aujourd'hui. La partie lésée pouvait seule arguer du préjudice causé pour exiger une composition équitable. En un mot, la pénalité était de droit privé : l'infraction qui va nous occuper a par sa nature même conservé cette empreinte atténuée, il est vrai, mais bien apparente sous les concessions faites à l'ordre social. On en trouve la meilleure preuve dans ces paroles du rapporteur dont nous invoquions plus haut l'autorité qui expliquent la prepondérance extraordinaire des droits de l'époux outragé sur ceux du ministère public : « Sans doute, ce délit porte atteinte à la sainteté du mariage, que la loi doit protéger et garantir ; mais sous tout autre rapport, l'adultère est moins un délit contre la société que contre l'époux qu'il blesse dans son amour-propre, sa propriété, son amour. » Accorder ainsi la faculté absolue de diriger l'action publique à l'honneur conjugal froissé, n'est-ce pas désarmer la justice en face d'une inaction scandaleuse et laisser le champ libre à la connivence éhontée d'une conscience sans scrupules !

4. Il ne faudrait pas conclure de là que les progrès de la civilisation aient été sans prise sur cette matière spéciale. Cette simple constatation que les lois actuelles punissent indistinctement l'adultère des deux époux, à la différence de la loi romaine qui pendant longtemps ne frappait que l'épouse coupable, suffirait à établir le contraire. La faute de la femme entraîne des conséquences autrement graves que celle du mari, dira-t-on, pour expliquer cette évolution, mais la vraie cause réside dans la différence en dignité de l'homme et de la femme. Ce que les anciens punissaient dans l'adultère c'était surtout l'outrage fait au mari, être supérieur. Le relèvement de la condition de la femme, sous l'influence du christianisme, a naturellement abouti, dans l'état présent des mœurs, à sanctionner la méconnaissance des devoirs moraux devenus communs aux deux sexes. Grâce aux tendances égalitaires du siècle, l'assimilation poursuit son chemin : réalisée au point de vue civil par la loi du 29 juillet 1884 qui fait produire les mêmes

résultats aux écarts de part et d'autre, elle a engendré entre les dispositions du Code pénal et la loi civile une antinomie destinée à disparaître bientôt s'il est vrai, comme l'a dit La Rochefoucauld, « que la civilisation d'un pays se reconnait aux droits dont y jouit la femme, à l'égalité plus ou moins grande qui existe entre elle et l'homme. »

PREMIÈRE PARTIE

Généralités.

5. Parmi les diverses étymologies qui ont été proposées du mot adultère, la plus connue peut en même temps servir de définition ; elle est des canonistes qui la formulent : *ad alterum thorum accessio;* d'autres le font dériver de *alienus torus;* Papinien, de son côté, explique de la façon suivante son origine : « ..... *proprie adulterium in nupta committitur, propter partum ex altero conceptum, composito nomine.* » (D. 48.5.6. § 1er). Aussi regarde-t-on généralement ce mot comme composé de *ad* et *uller* pour *alter*.

Quoi qu'il en soit, le sens n'en est pas douteux, et la dénomination d'*adulterium* se donne à l'infraction née du commerce charnel de deux personnes de sexes distincts dont l'une au moins est engagée dans les liens d'un mariage valablement contracté.

6. Parlons en passant, pour éviter une confusion possible, du mot *stuprum* que l'on trouve accolé dans les textes à *adulterium* de manière à former une expression unique. La vérité, c'est que l'adultère s'entend des relations intimes avec une femme mariée, tandis que le *stuprum* désigne les attentats aux mœurs, le viol et les relations criminelles qui méritent d'être punies, telles que le commerce illicite avec la *matrona* qui porte la *stola*. C'est donc à tort que les auteurs emploient un terme pour l'autre : « *Lex stuprum et adulterium promiscue et καταχρηστικώτερον, id est abusive, appellat* [1]. »

(1) Papinien, Liv. I *De adulteriis*, D. 48, 5.

CHAPITRE PREMIER

PÉRIODE ANTÉRIEURE A L'EMPIRE

État de la Société à cette époque.

7. Les premiers Romains ne connurent presque pas, grâce à la rude constitution qu'ils tenaient de Romulus, cette perversité des femmes oubliant tous leurs devoirs pour courir à la satisfaction d'un coupable désir. Nous tenons donc pour fausse l'assertion d'Ovide d'après laquelle, dès les âges les plus reculés, on avait déjà à déplorer l'infidélité de la plupart des matrones.

...... *Matronaque rara pudica est* (1).

Plusieurs causes, en effet, expliquent la pureté des mœurs de cette société naissante. Harcelés continuellement par de redoutables ennemis qui voyaient d'un mauvais œil leur établissement dans le *Latium*, ils ne déposaient l'épée que pour conduire la charrue à travers les friches d'un sol inculte qui leur procurait les choses essentielles à la vie. Le souci de leur sécurité les préoccupait autant que l'instinct de leur conser-

(1) Ovide, *Héroïdes*, XVII.

vation; aussi furent-ils, suivant le mot de Caton, un peuple de laboureurs et de soldats.

Ce n'était pas encore assez de ce qui-vive perpétuel et des durs travaux de la terre, le Romain se devait en outre à la chose publique; les réunions du Forum, où se prenaient les plus graves décisions et se discutaient les intérêts communs, achevaient de le tenir en haleine. Aux femmes étaient réservés les soins de l'intérieur; la surveillance des esclaves occupait leurs loisirs. Tel est le secret de cette austérité sans exemple dont parle Juvénal en ces termes :

Præstabat castas humilis fortuna Latinas
Quondam, nec vitiis contingi parva sinebant
Tecta labor, somnique breves, et vellere Tusco
Vexatæ duraeque manus, ac proximus urbi
Annibal et stantes Collina in turre mariti (1).

On conçoit aisément qu'il n'y avait point place pour la luxure au milieu de cette activité : les fatigues et les privations ne laissaient pas aux mauvais penchants le temps de s'acclimater. N'est-ce point d'ailleurs une bonne fortune pour toute société au berceau que cette âpre lutte pour l'existence ? Il en est d'un peuple jeune comme de l'enfant; la simplicité de ses sentiments protège ses vertus natives; il n'aspire pas à se créer des besoins nouveaux et se borne à contenter ceux que lui impose la nature.

8. A notre avis, cependant, le préservatif le plus puissant contre la dépravation des mœurs fut l'organisation religieuse de la famille primitive. Les croyances au surnaturel si vivaces chez les Romains, la vénération extraordinaire dont ils entouraient leurs morts, expliquent la large place qu'occupa la divinité au milieu d'eux. En dehors des affaires politiques, ils vivaient à l'écart dans des demeures complètement isolées les unes des autres (*insulæ*), où ils formaient des groupes ayant

(1) Satire VI, *Les femmes*

leurs habitudes, leurs occupations, leurs dieux. Dans les circonstances difficiles, comme dans les phases insignifiantes de la vie, ils faisaient intervenir les dieux domestiques qui seuls pouvaient donner aux évènements une direction heureuse. L'histoire de la famille romaine sous la royauté et la république, c'est l'histoire de la religion. Sous la protection des Lares nait et meurt chaque membre de la gens. Aussi leur culte figure-t-il parmi les principales fonctions de la *mater familias ;* outre les travaux habituels lui incombe la mission d'entretenir le feu qui brûle nuit et jour en leur honneur. Quoi d'étonnant après cela que les mœurs aient été d'une pureté si grande, puisque ce contact incessant avec les dieux avait engendré la crainte de les irriter par un geste, une parole, une action déshonnêtes !

9. Prêtresse en même temps qu'épouse et mère, la Romaine disposait ainsi, par l'importance de son sacerdoce, des destinées de ses parents. Une négligence dans la surveillance des rites consacrés, une faute dans l'accomplissement de ses devoirs, et elle compromettait à jamais le sort des siens ! Soucieuse avant tout de rester digne de la confiance dont elle était investie, elle savait que le moindre écart des prescriptions du mariage se fût doublé d'une profanation, que le crime contre la fidélité conjugale eût été du même coup un sacrilège. Femme respectée et honorée, elle avait trop haut placé le sentiment de sa dignité pour obéir à la voix de la luxure. Dans cette société patriarcale, la Pudeur avait son temple : les matrones dont l'honneur était intact et qui n'avaient eu qu'un mari avaient seules le droit de lui offrir des sacrifices, « *ut nulla, nisi spectatæ pudicitiæ matrona et quæ viro uni nupta fuisset jus sacrificandi haberet*[1] ». Le foyer était un sanctuaire que ne souillait jamais aucune pensée impure, tant était scrupuleuse la dévotion à ces êtres supérieurs que la famille s'attachait ! En présence de croyances aussi fortement ancrées, Sénèque avait raison d'appeler cette époque « *Seculum quo impudicitia monstrum erat, non vitium.* »

(1) Tite-Live, *Histoire romaine*, X, 23.

10. Bien plus, l'idée généralement reçue d'une vie nouvelle qui commençait après la mort et pendant laquelle les ancêtres voyaient leur condition dépendre de la conduite ou de l'inconduite de leurs continuateurs achevait d'accroître cette propension que nous avons vue vers l'observation stricte des obligations familiales. Parmi les suites possibles de l'adultère, il n'en était pas de plus funeste que l'introduction dans la famille d'un être issu de relations condamnables. On le regardait comme un usurpateur qui venait rompre l'harmonie des traditions, comme un élément désorganisateur de la sécurité de la gens. A ce propos, nous ne pouvons mieux faire que de reproduire les quelques lignes consacrées par Fustel de Coulanges à cette situation : « Aux yeux de cette religion, dit-il, la plus grave faute qui puisse être commise est l'adultère. Car la première règle du culte est que le foyer se transmette du père au fils; or l'adultère trouble l'ordre de la naissance. Une autre règle est que le tombeau ne contienne que les membres de la famille; or le fils de l'adultère est un étranger qui sera enseveli dans le tombeau. Tous les principes de la religion sont violés, le foyer devient impur, chaque offrande au tombeau devient une impiété. Il y a plus : par l'adultère, la série des descendants est brisée; la famille, même à l'insu des hommes vivants, est éteinte et il n'y a plus de bonheur divin pour les ancêtres[1]. »

N'est-ce pas sous l'influence de ces idées que Lucrèce se donna la mort quand elle eût, contrainte par la violence, subi les derniers outrages de Sextus Tarquinius ? Nul doute que la terreur superstitieuse qu'inspirait la colère divine engendra cette exaltation mystique de la vertu dont on ne trouve pas de traces ailleurs. Quel autre mobile eût pu porter la femme de Collatin à se croire déshonorée par les caresses auxquelles il lui avait été impossible de se dérober? Ni les consolations de son père et de son mari, ni le calme de sa conscience ne détruisirent en elle la conviction que cette souillure l'avait rendue adultère; mais avant de se tuer, elle tint à assurer la punition du cou-

(1) Fustel de Coulanges, *La Cité antique.*

pable : « *Corpus est tantum violatum, animus insons; mors testis erit. Sed date dextras fidemque, haud impune adultero fore. Sex est Tarquinius qui hostis pro hospite priore nocte vi armatus mihi sibique, si vos viri estis, pestiferum hinc abstulit gaudium*[1]. » Ce viol décida du sort de la royauté : on vit le peuple, soulevé à la vue du cadavre sanglant de Lucrèce, renverser un régime dont les représentants ne craignaient pas d'assouvir leurs passions désordonnées au prix de la pudeur des femmes romaines.

(1) Tite-Live. *Histoire romaine*. L. I, LVIII.

CHAPITRE DEUXIÈME

Poursuites et répression de l'adultère.

11. Cependant le tableau que nous venons de tracer n'allait pas sans quelque ombre, et pour être peu répandu, l'adultère n'en existait pas moins. Quand l'institution du mariage, alors si honorée, était méconnue de cette façon, un châtiment devait nécessairement intervenir, et à ce sujet il est intéressant de rechercher suivant quelle procédure on jugeait ce crime.

Les anciens Romains considéraient les devoirs de famille comme d'une nature trop délicate pour les soumettre au contrôle révélateur des tribunaux et aux indiscrétions d'un débat public. La présence de la divinité au foyer domestique en faisait un sanctuaire dont l'accès était rigoureusement interdit à tout agent de l'État ; l'autorité de la loi expirait au seuil de cet asile et, comme le *profanum vulgus*, les magistrats en respectaient les secrets. Il y avait un obstacle à l'intervention des étrangers : c'était l'omnipotence du *pater familias* ; avec les cognats, il composait la seule juridiction naturellement désignée pour statuer sur les infractions d'un ordre si intime. Puisqu'on lui reconnaissait le droit de vie et de mort sur les siens, n'eût-il point été illogique de lui enlever le droit de juger avant de condamner ? Toutefois, pour être exact, il faut dire que les tribunaux ordinaires, sans être incompétents, comme nous le verrons plus loin, réservaient la plupart du temps la connaissance des faits d'adultère au conseil de famille, qui pouvait toujours évoquer l'affaire pour statuer sur le sort de la coupable.

Chaque accusation de ce genre donnait lieu à un *judicium privatum* que prononçait cette juridiction familiale dès qu'elle s'était fait une conviction par n'importe quel moyen : il n'y avait pas de formes de procédure obligatoires car, selon le mot de M. Gide, « le contrôle des lois faisait place à celui des mœurs ». Mais si la loi écrite restait muette touchant la peine à appliquer, c'est que l'on regardait avec horreur toute atteinte portée à la sainteté du mariage et qu'à la conscience s'imposait l'observation d'une loi innée qui défendait l'adultère[1]. C'est d'elle que Cicéron veut parler dans ce passage du *De legibus :* « *Nec, si regnante Tarquinio, nulla erat scripta Romæ lex de stupris, idcirco non contra illam legem Sempiternam Sextus Tarquinius vim Lucretiæ attulit*[2]. »

12. Autre particularité à signaler : l'adultère, à l'époque que nous étudions, n'était punissable que commis par la femme ; le commerce que le mari pouvait avoir avec une autre femme n'était pas regardé comme une violation légale de la foi jurée : « *Illa te, si adulterares, digito non auderet contingere, neque jus est*[3]. » Pourquoi, dira-t-on, deux poids et deux mesures ? Bien simple est l'explication à donner de cette différence de traitements ; l'impunité accordée à l'infidélité du mari, simple faute morale dont il ne devait compte à personne, n'excusait pas celle de la femme, dont les conséquences étaient plus graves ; elle rendait possible en effet la *turbatio sanguinis*, introduisait l'incertitude dans l'ordre de la filiation, et surtout accordait à l'enfant né de relations extra-conjugales le droit de devenir, pour le malheur de la famille où il entrait, le continuateur des *sacra privata* !

(1) Rein, *Das Crimrecht der Römer*, page 835.

(2) Cicéron, *De legibus*, II, 4.

(3) Aulu-Gelle, Ch. 23, Liv. X, *Au sujet d'un traité de Caton sur la dot.*

13. Mais ce serait une grossière erreur de croire que l'infidélité de la femme mariée, à quelque classe de la Société qu'elle appartînt, était déférée au tribunal domestique. Car pendant les premiers siècles, il n'y eut qu'un seul mariage, les justes noces qui, accomplies dans les conditions requises par la loi et suivant les formalités introduites par la coutume, conféraient au mari la *manus* ou puissance maritale. De bonne heure, le mariage libre fut reconnu comme union légitime et produisit les mêmes effets, mais jusqu'à la fin de la République le mariage avec *manus* fut le droit commun (1).

Cette union monogame et indissoluble mettait les deux époux sur un pied parfait d'égalité et, grâce au *jus connubii* dont jouirent pendant longtemps les seuls Romains, les mésalliances étaient impossibles. La *mater familias* devait donc être d'une certaine condition, *notæ auctoritatis,* pour être qualifiée *adultera.* Hors des *justæ nuptiæ,* tout était illégal, et les unions secondaires, n'étant point organisées par la loi, ne produisaient aucun effet, à l'exception cependant du mariage de droit des gens. Rien ne saurait donner une idée du dédain que l'on professait pour ces liaisons si communes chez les Plébéiens. Il est vrai de dire que la plèbe formait « une population méprisée et abjecte, hors de la religion, hors de la loi, hors de la société, hors de la famille : *connubia promiscua habent more ferarum* (2). » Dans le *concubinatus,* par exemple, commerce suivi avec une femme autre que la *matrona,* la simple *uxor* n'était pas l'égale du mari et ses déportements n'avaient pas de sanction. Bref, comme disait si judicieusement notre regretté professeur, M. Piebourg, « en fait on pouvait établir des distinctions entre les unions inférieures au mariage civil, mais en droit tout ce qui n'était pas justes noces était traité de la même façon. » L'*uxor justa* se séparait des autres *uxores* par le respect dont on l'entourait, par le rang qu'elle occupait. Les textes désignent

(1) Esmein, *La manus,* p. 16; *Mélanges d'histoire du droit et de critique.*

(2) Fustel de Coulanges, *La Cité antique.*

au moyen du même terme, *pellex*, la courtisane et la maîtresse, aussi bien que la femme qui vit avec un homme marié sans avoir le titre d'épouse. Pour la *matrona*, pas de milieu entre les *justæ nuptiæ* et le *stuprum* : elle sera *uxor justa* ou *pellex*. Ainsi donc, du moment où l'adultère était un crime spécial, susceptible d'être commis par une catégorie restreinte de femmes, quoi de surprenant que les poursuites auxquelles il donnait lieu aient été exercées si rarement pendant cette première période ?

14. Supposons maintenant un adultère commis et constaté : de quelle façon les choses vont-elles se passer ? Il faut distinguer suivant les cas : l'épouse infidèle a pu être surprise en flagrant délit, *in ipsâ turpitudine*, ou bien sa faute n'a été connue du mari qu'après coup.

Premier cas. — Les coupables sont trouvés ensemble, selon l'expression d'Ovide.

Et venere torum conjux et adulter in unum[1].

Alors la loi des XII Tables, œuvre des décemvirs, permet au mari de tuer sa femme sans être inquiété ; cette justice expéditive est assurée d'une impunité absolue. « *In adulterio uxorem tuam si deprehendisses, sine judicio impune necares*[2] » disait en effet l'austère Caton, et de nos jours encore Alexandre Dumas, par son fameux « Tue-la », s'est fait l'écho fidèle de ce farouche enseignement. Il semble en outre résulter de certaines dispositions légales que la femme adultère prise sur le fait était privée de sa dot *(Doti deprensa)*.

Quel sort réservait-on au complice ? L'époux trompé pouvait à son gré le mettre à mort, le mutiler, le laisser mourir de faim, le battre de verges, ou lui faire subir le ῥαφανίδωσις. Il suffit pour montrer la vérité de ces détails de citer au hasard quelques passages empruntés aux poètes, dont les écrits fourmillent de renseignements précieux sur ce point. Plaute, notam-

(1) Ovide, *Métamorphoses IV.*

(2) Aulu-Gelle, *Nuits attiques*, X, 23.

ment, rapporte en ces termes dans une de ses comédies [1] les vœux que forme un militaire au courant de ses infortunes conjugales,

.... Ni illic forte fortuna hic foret,
Miles Mnesilochum cum uxore opprimeret sua
Atque obtruncaret mœchum manifestarium.

Dans une autre pièce, le même auteur recommande à l'*adulter* de prendre garde à la mutilation qui le menace :

Semper caveto ne sis intestabilis :
Quod amas amato testibus præsentibus [2].

La double signification d'*intestabilis* a fourni au comédien l'occasion d'un jeu de mots obscène, mais assez spirituel, dont voici l'explication : Parfois le mari qui surprenait chez lui le complice de sa femme, au lieu d'en tirer vengeance lui-même par la castration, le conduisait devant le juge après avoir fait constater par témoins la présence du délinquant dans sa demeure: la peine que prononçait le magistrat était pécuniaire et rendait le condamné *intestabilis*, incapable de témoigner en justice.

Ici encore a sa place marquée une scène très curieuse du *Miles Gloriosus* où un *adulter* se débat de toutes ses forces entre les mains du mari qu'il supplie de ne pas donner cours à son ressentiment : celui-ci le laisse aller en lui disant :

Si posthac prehendero ego te hic, arcebo testibus [3].

Morale de la pièce :

Si sic aliis mœchis fiat, minus hic mœchorum siet [4].

On n'avait donc que l'embarras du choix dans les moyens à employer pour être « le médecin de son honneur ».

(1) Plaute, *Les Bacchides.*

(2) Plaute, *Curculio.*

(3) Plaute, *Miles Gloriosus*, V, 2, Seq.

(4) Id. Id.

15. *Deuxième cas.* — Lorsque la femme n'avait pas été prise sur le fait, un *judicium* devenait nécessaire, et le mari qui ne pouvait légitimement se rendre justice de sa propre autorité déférait la coupable au tribunal domestique convoqué à cet effet. Sa composition longtemps mal connue parait aujourd'hui, depuis les travaux des savants allemands Rein et Geib, avoir été la suivante : Le chef de famille présidait ayant pour assesseurs, à l'exclusion des agnats, les parents naturels de la femme, les cognats, Ταῦτα δὲ οἱ συγγενεῖς μετὰ τοῦ ἀνδρὸς ἐδίκαζον (1). Voilà du moins l'opinion généralement admise que nous adoptons entièrement, parce qu'elle est en conformité absolue avec les données historiques et la réalité des faits. Que l'on interroge les textes qui parlent de cette juridiction familiale, l'on verra que tous s'accordent sur le sens des expressions par lesquelles ils désignent ses membres. Denys d'Halicarnasse les appelle « *συγγενεῖς* », Tacite « *propinqui* », Suétone « *majores* », Tite-Live « *cognati* » : nulle part se rencontre le mot *agnatus*. Issus du même sang que la femme, les cognats avaient, plus que de simples parents civils, qualité pour remplir impartialement la double mission de protéger leurs parents contre les emportements irréfléchis d'un époux outragé et de venger l'honneur du foyer par une juste condamnation.

1° *La femme coupable est « in manu mariti ».*

Alors le mari ne pouvait pas la juger seul ; il devait nécessairement s'adjoindre les membres du *concilium*. Mais comme la femme était devenue *loco filiæ mariti*, ses agnats avaient cessé d'être ses parents civils pour devenir ceux du mari. Néanmoins, pour assurer l'équité des décisions d'un tribunal dont faisait partie le principal intéressé, on le recrutait parmi ceux qui étaient nés du même sang que la femme, ses cognats, assistés des agnats du mari jusqu'au sixième degré. A défaut des cognats, on faisait siéger des amis ou des étrangers.

(1) Denys d'Halicarnasse, Ch. 4, Liv. II.

2° *La femme n'est pas « in manu mariti ».*

Si elle était *filiafamilias*, le père, qui avait droit de vie et de mort sur elle, pouvait, à l'inverse du mari, décider de son sort comme il l'entendait. Mais le plus souvent il réunissait le tribunal de famille, composé des agnats des deux conjoints.

3° *La femme coupable est « sui juris ».*

On serait tenté de croire que la femme n'étant pas *in manu* et devenue *sui juris* n'avait pas à répondre de sa conduite. Certains auteurs ont soutenu en effet que dans ce cas aucune sanction ne pouvait intervenir. Il nous semble au contraire que les parents et le mari avaient encore qualité pour condamner: Qu'importe que le mari ait ou non la manus, puisque les agnats sont en majorité dans le *concilium*.

Le chef de famille devait prendre l'avis du conseil avant toute mesure répressive, sous peine d'encourir le blâme du censeur. Valère Maxime rapporte même qu'un sénateur nommé Junius Bulbucus perdit ses fonctions « *Quod quam virginem in matrimonium duxerat, repudiasset, nullo amicorum in concilium adhibito* [1]. » Ces rigueurs étaient nécessaires pour assurer le libre fonctionnement d'une institution créée dans le but de limiter les pouvoirs paternels et de les paralyser au besoin.

Une fois l'opinion de chacun des membres du tribunal connue, le président prononçait la sentence conformément à l'avis de la majorité. Après une procédure menée sans règles fixes, les peines les plus arbitraires étaient portées contre la femme déclarée coupable : armé de pouvoirs illimités, le *concilium* pouvait punir de mort « θανάτῳ ζημιοῦν συγκεχώρηκεν [2]; plus habituellement il condamnait au bannissement *ultra ducentesimum lapidem.*

16. Indépendamment de cette peine infligée à la personne, il y avait lieu vers la fin de la République à un *judicium de moribus* pour déterminer la retenue que le mari était en droit

(1) Valère Maxime, Liv. II, Ch. 4, § 2.

(2) Denys d'Halicarnasse, II, 25.

d'opérer sur la dot. Le magistrat, saisi de la réclamation, déterminait à son gré la part qui serait restituée à la femme. A l'action *rei uxoriæ* qu'elle intentait en reprise de son apport, le mari opposait l'action *de moribus*, destinée à lui faire attribuer telle indemnité qu'il plairait au judex. Plus tard, quand furent créées les *retentiones ex dote*, il semble que cette action *de moribus* devint inutile. Elle servait cependant lorsque la femme avait eu le soin de stipuler expressément la restitution de sa dot en cas de dissolution du mariage. Aucune raison n'autorisait l'époux à contredire cette demande ni le juge à statuer simultanément sur les moyens des parties. Il fallait qu'un *judicium* distinct intervînt pour enlever à la femme adultère la portion à prélever sur la dot qui était rentrée tout entière en sa possession, grâce à l'action *ex stipulatu*.

17. Nous avons dit précédemment que le tribunal de famille n'avait pas seul la clientèle des épouses infidèles. Quelquefois aussi elles étaient poursuivies à la requête des édiles devant les comices populaires, qui les condamnaient à d'énormes amendes. Quand l'accusation se produisait de la sorte au grand jour, c'était une *multæ irrogatio*. En l'an 457, « *Q. Fabius Curges, consulis filius, aliquot matronas ad populum stupro damnatas pecunia mulctavit* [1]. L'argent provenant de ces condamnations servait à construire les édifices religieux qui couvrirent Rome de marbre à cette époque.

18. Voilà comment fut puni l'adultère pendant les sept premiers siècles de l'ère romaine. L'impunité absolue réservée aux fautes des maris fut une prime laissée aux dérèglements les plus licencieux; bon nombre ne se firent point faute de chercher des aventures galantes hors du logis conjugal. Il devint de bon ton, pour ces moralistes si rigoureux, d'avoir une *amica* qui supplantât *l'uxor* et d'assaisonner de plaisirs illicites les joies légitimes du mariage. Mais, si l'on en croit Plaute, les femmes

(1) Tite-Live, X, 31.

ne s'accommodèrent pas de ce désordre des mœurs et, le dépit aidant, elles usèrent vite de représailles. Les récriminations des épouses trompées restèrent vaines :

Non mirum fuit uxor mea, si hoc ægre tulit
Amaræ mulieres sunt : non facile hoc ferunt[1].

Les hommes, ironie suprême, osèrent justifier leur inconduite en s'autorisant de l'exemple du maître des dieux.

Et sequuntur majorum exempla Deorum[2].

Dès lors, rien n'était plus capable d'enrayer le relâchement des mœurs, et avec la République disparut la pudeur.

(1) Plaute, *Phormio*, III, 4.

(2) Ovide, *Métamorphoses*, VII.

DEUXIÈME PARTIE

CHAPITRE PREMIER

PERIODE DE L'EMPIRE

Peinture des mœurs.

19. La Révolution politique qui substitua l'Empire au régime républicain s'accomplit à la faveur d'une profonde transformation du milieu social. En étendant leur territoire par de continuelles expéditions militaires, les Romains avaient du même coup augmenté leurs besoins : le contact de la civilisation raffinée des Grecs fournit à leurs appétits grossiers un nouvel aliment et des satisfactions que ne leur avait pas procurés la famille. Aussi, plus enivrés par cette funeste initiation que par leurs triomphes, ils se livrèrent sans retenue à tous les excès d'une débauche honteuse. C'en était fait désormais de la société si forte des premiers siècles : mœurs, religion, famille, sombrèrent dans le gouffre creusé par une telle perturbation. Plus de mariages indissolubles, mais des unions passagères que le libertinage dissout selon son caprice. Les dieux eux-mêmes, dont la crainte salutaire servait jusqu'à présent de frein aux velléités des plus osés, sont en butte à d'irrévérencieuses accusations; c'est d'eux, prétend-on, que part l'exemple de ces orgies de luxure où se vautrent grands et petits.

20. A ce peuple fait pour la vie des camps, il eût fallu des alarmes incessantes, une activité toujours en éveil. Rien ne pouvait lui être plus fatal que l'indolente mollesse à laquelle il s'abandonna; la guerre et ses dangers au lieu du repos avec sa pernicieuse oisiveté eût seule prévenu la dégénérescence de la race. Rome pacifique devint une seconde Capoue. Un luxe effréné favorisait encore cette réaction contre les austères principes qui servaient d'assises à la société de Romulus et de Caton. Joignez à cela l'influence démoralisante des banquets et des spectacles; sur la scène se jouaient les farces pleines d'obscénités non déguisées, les ballets-pantomimes où l'on ne craignait pas de représenter les sujets les plus graveleux et de s'étudier aux plus grands raffinements de sensualité. Les tentations des festins n'étaient pas moins dangereuses; *inter pocula* on assistait à des parades licencieuses, aux danses fameuses de Syriennes qui ne le cédaient pas sous le rapport de la mollesse voluptueuse aux pires représentations des almées de l'Egypte. Ces excitations des sens avaient pour complément les émotions violentes du cirque et de l'arène : gladiateurs et athlètes étaient les favoris des dames du grand monde. Grâce à ce concours de circonstances, la corruption pénétra partout; maris et femmes se trompèrent à qui mieux mieux, chacun alla de son côté et la fidélité conjugale ne fut plus qu'un vain mot. Ecoutez les récriminations de Juvénal :

Nunc patimur longæ pacis mala : sævior armis
Luxuria incubuit, victumque ulciscitur orbem[1].

On en était arrivé à un état de dépravation tel qu'il en résultait un péril pour la société dont elle avait gagné toutes les classes :

Jamque eadem summis pariter minimisque libido
Nec melior silicem pedibus quæ conterit antrum
Quam quæ longorum vehitur cervice syrorum[2].

(1) Juvénal, *Satire VI.*
(2) Juvénal, *Satire IX*, vers 162 et suivants.

21. Loin de se dissimuler, l'adultère se pratiquait ouvertement ; il était de bon ton pour les matrones en vue comme pour les femmes du peuple d'avoir de nombreux amants et de s'en vanter :

Mox juniores quærit adulteras
Inter mariti vina (1).

Leur audace ne connut bientôt plus de bornes ; démoralisées par cette vie de désordres que les maris toléraient en désespoir de cause, elle ne craignirent pas de se rouler dans la fange des prostituées, justifiant ainsi le mot tristement éloquent de Cicéron : « *mulier nupta uni, proposita omnibus !* »

Est-il besoin de dire que toutes les institutions avaient cédé à ce courant d'immoralité ? La famille homogène de jadis était désagrégée et le foyer domestique d'où l'on avait banni la vertu abritait une horrible prosmicuité :

Fecunda culpæ sæcula nuptias
Primum inquinavere, et genus et domos (2).

Les hommes peu scrupuleux à l'endroit de leur honneur ne se faisaient pas faute d'entretenir des maîtresses chez eux tandis que leurs épouses s'abandonnaient à d'heureux rivaux. Peu importaient les doutes que l'adultère faisait peser sur la légitimité de la descendance, toute considération de nature à réfréner une pareille dissolution des mœurs restait sans portée. Le temps était éloigné où la violation des prescriptions du mariage imprimait au coupable un stigmate infamant ; aujourd'hui, passée dans les habitudes, elle était professée au théâtre comme un art véritable. Aussi la plume se renonce à dépeindre les turpitudes dont Rome offrit le spectacle sous le règne des empereurs.

22. L'exemple de cet avilissement partait de trop haut pour n'être pas suivi, et le palais des Césars lui-même n'échappa

(1) Horace, Livre III, *Ode VI*.
(2) Id. Id.

point à la souillure générale. L'histoire nous a conservé le récit des relations criminelles qui existèrent entre Pompeia, petite fille de Sylla, femme de César, alors grand pontife, et Claudius Pulcher, de la famille Claudia. Ce dernier s'était introduit auprès de sa complice sous un déguisement féminin le jour de la fête de la Bonne Déesse en décembre 692, mais il fut surpris par la mère de César. Le divorce prononcé, un tribunal extraordinaire devait se réunir à l'instigation des consuls Pupius Piso et Valérius Messala pour juger Claudius ; le futur tribun s'y opposa en alléguant qu'il n'avait jamais tenu sa femme pour adultère et qu'aucune accusation n'était relevée de ce chef contre son prétendu rival. Il avait répudié Pompeia, expliquait-il, « parce que la femme de César ne doit pas être effleurée par le plus léger soupçon[1]. »

Plus tard, quand le mal sera devenu irréparable, l'impératrice Messaline, se ravalant au niveau des courtisanes tarifées par les édiles, ira, toute honte bue, vendre ses faveurs au prix fixé dans les bouges mal famés de la ville et profitera de l'absence de son époux Claude pour épouser solennellement Silius, le plus beau des Romains. *Messalina, facilitate adulteriorum in fastidium versa, ad incognitas libidines profluebat. Nomen (tamen) matrimonii concupivit ob magnitudinem infamiæ, cujus apud prodigos novissima voluptas est*[2]. Entre temps, soldats, esclaves, cochers, histrions et bateleurs étaient indistinctement admis par elle dans le lit royal ! Dernier degré de la plus infâme lubricité que peut seul excuser un état d'inconscience ou de névrose. Il n'y a qu'une explication à donner de cette effrayante corruption : c'est l'ennui qui avait gagné les classes aristocratiques. Puisqu'il était de bon ton de ne pas travailler, on se lançait à corps perdu dans les plaisirs.

23. Qu'allait-il résulter d'une pareille situation ? La femme en profite pour s'affranchir de la *manus* et de la tutelle, son

(1) Dion Cassius, XXXVII, 45. — Plutarque, César X, 4.

(2) Tacite, *Annales*.

émancipation coïncide avec la désorganisation de la famille. Désormais sans autorité, le tribunal domestique tombe en désuétude; la censure reste lettre morte; la personnalité de l'individu s'efface et l'état acquiert un rôle prépondérant : son action s'étend partout ; il pénètre dans le domaine des intérêts privés, qu'il prend sous sa sauvegarde. Le remède à la crise qui bouleverse la société, il va le demander aux lois de contrainte : l'époque de la réglementation à outrance est arrivée.

CHAPITRE DEUXIÈME

Étude de la loi Julia « de adulteriis ».

21. Sous la poussée d'une corruption sans cesse grandissant, le vieil édifice social craquait de toutes parts. Pour éviter de nouvelles ruines, Auguste voulut faire œuvre de rénovation et promulgua dans ce but une série de lois dont les dispositions coercitives devaient, selon lui, mettre un terme au désordre des mœurs. On bâtit, dès leur apparition, de grandes espérances sur l'amélioration de la moralité matrimoniale et l'on put croire un instant que la répression triompherait des résistances de l'opinion publique. Horace, dans un de ses accès de courtisanerie, proclamait déjà les bienfaits de la législation :

Nullis polluitur casta domus stupris ;
Mos et lex maculosum edomuit nefas[1].

Mais le sort de la *lex Julia de adulteriis*, à l'examen de laquelle nous arrivons, montra la gravité du mal et l'inefficacité du remède.

(1) Horace, Ode IV, 5, à *Auguste*.

SECTION I

Tribunal compétent pour juger l'adultère.

25. Du jour où les pouvoirs du *pater familias* s'étaient concentrés aux mains de l'Etat, il ne devait plus être question des tribunaux domestiques : leur existence était trop intimement liée aux destinées de la gens pour survivre à sa décomposition. Il fallait donc s'attendre à un abandon complet de la vieille procédure mystérieuse et arbitraire, peu faite pour les nécessités présentes. C'est le prince qui, à l'avenir, prendra soin de venger l'honneur du mari. A l'assemblée des parents statuant à huis-clos sur la faute de la femme, en dehors de l'ingérence des magistrats, va succéder une juridiction de droit commun, la *quæstio perpetua*, qui ne craindra pas d'étaler au grand jour la honte du foyer et d'infliger au coupable la flétrissure des débats publics. Présidée par le préteur, cette *quæstio* comprenait en outre un certain nombre de citoyens appelés par le sort à rendre, après audition des parties, un verdict de condamnation ou d'acquittement. A ce propos, on pourrait se demander avec fruit si l'origine de la cour d'assises moderne ne remonte pas à ce tribunal : qu'on lise, en effet, au livre XLVIII, titre 2 du Digeste, le chapitre relatif à l'organisation des *judicia publica* et l'on verra que le code d'instruction criminelle, titre 2, a largement puisé aux sources romaines. Judices et jurés ont mêmes fonctions ; ils se forment une conviction, comme on dit en style de palais, d'après les charges et les moyens de défense, et les magistrats, liés par leur sentence, se bornent à lui donner force exécutoire.

Mais le *prætor* était loin d'avoir les prérogatives des cognats; les minuties de la rédaction ne lui laissaient aucune occasion d'assouplir le sens des textes suivant les cas. Son rôle se réduisait à peu de chose : prononcer la peine édictée par la loi d'une manière fixe et invariable, sans aggravation comme sans atténuation, sans pouvoir la mettre au point. Le moment était trop critique pour tempérer ces rigueurs par une indulgence inopportune.

SECTION II

Quelles personnes peuvent être poursuivies?

26. Destinée à rendre au mariage sa vitalité d'autrefois, la *lex Julia de adulteriis* interdit, sous des peines sévères, les dérèglements criminels tels que la fornication, l'inceste, la pédérastie, qui écartaient de toute union légale. Mais l'adultère était son principal objectif : il fallait coûte que coûte en enrayer la vogue. Pour cela, Auguste pensa que des dispositions générales seraient insuffisantes, qu'une loi de détails seule aurait raison de la contagion. Aussi prend-t-il le soin d'examiner une à une les hypothèses sous lesquelles l'adultère se manifestera dans la pratique. Ce ne sont plus seulement deux coupables qui auront à répondre de leurs relations illicites, c'est toute une suite de personnes qui directement ou par des moyens détournés favorisent l'adultère. Le délit principal et la complicité morale du délit sont confondus dans la même répression; l'intention est réputée pour le fait; tant on craint que l'ingéniosité des délinquants réussisse à tourner la loi !

Cependant un autre danger se présentait : il pouvait se faire que les amateurs de liaisons irrégulières, renonçant volontiers à l'adultère avec ses alarmes continuelles, demandassent les faveurs des matrones filles ou veuves et y trouvassent une compensation équivalente. Le législateur, afin de tarir cette autre source de scandales, classa le *stuprum* parmi les infractions à la pudeur. Grâce à ces mesures, le mariage s'offrait comme l'impasse où devaient nécessairement s'engager les Romains peu soucieux d'avoir maille à partir avec la justice. Devant ces graves considérations, le cadre des poursuites, avons-nous dit, s'était considérablement élargi. Il convient donc de délimiter exactement leur champ d'application, en se reportant aux données mêmes de la *lex*.

27. *I. Femme.* — Trois conditions sont requises de la *mater-familias* pour que son inconduite entraîne un châtiment : elle doit être *nupta, honesta, libera*.

A. *Nupta.* — Une fois unie en justes noces, même par mariage libre, la femme s'impose le devoir de fidélité « *Plane sive justa uxor fuit sive injusta : accusationem instituere poterit.... Hæc lex ad omnia matrimonia pertinet.* (L. 13 § 2. D. XLVIII. 5.) Le formalisme rigoureux des premiers temps aurait constitué un obstacle insurmontable aux tentatives de régénération sociale s'il eût été remis en vigueur. Sous l'empire de notre loi, plus de distinction entre les *justæ nuptiæ* et les unions moins solennelles, mais une règle uniforme pour toute femme mariée.

Par une singulière fortune, le concubinat lui-même, jadis regardé comme un fait insignifiant, devint, à la faveur des événements, institution reconnue. Comment expliquer une pareille transformation ? Le législateur, amené par la nécessité à faire la part des mœurs déréglées, traça une ligne de démarcation entre le libertinage et la licence. Après avoir déterminé le domaine du *stuprum*, il précisa les limites exactes de l'union qu'il tolérait sous le nom de *concubinatus*. Il n'y avait de possible que ce commerce continu avec des femmes de seconde classe ; les *justæ nuptiæ* leur étaient inaccessibles. *In concubinatu potest esse et aliena liberta, et ingenua, et maxime ea quæ obscuro loco nata est, vel quæstum corpore fecit.* (L. 3 p. D. XXV. 7.) On peut comprendre ainsi la phrase de Marcien, qui dit que le concubinat ayant pris un nom grâce aux lois caducaires, la loi ne le punit pas. Puisque des raisons politiques s'opposaient au mariage entre ingénus et femmes de condition vile, il fallait, pour combler une véritable lacune, tolérer le *concubinatus* qui avait pris une part très large dans les mœurs romaines. Attribuer un autre sens au texte de ce jurisconsulte, y voir la preuve que cette union engendrait des effets légaux, ce serait altérer l'évidence. Car au temps de l'empire, l'adultère de la concubine n'était pas davantage puni que sous la République : de la femme « *honestæ vitæ* » à celle « *in quam stuprum non committitur* », de la *mater familias* à la *concubina*, il y avait un abîme resté infranchi. On ne pouvait décemment donner les mêmes droits répressifs à l'homme qui allait chercher une compagne dans les bas-fonds de Rome et au mari qui confiait son honneur à une matrona. Cependant cette règle souffrait exception quand la femme ne perdait pas sa qualité de matrone en devenant concubine ; c'était le cas de l'affranchie qui vivait avec son patron. Réputée *uxor*, elle était frappée par la loi. (L. 13 § 1er, D. XLVIII. 5.)

Les peines de l'adultère atteignaient également celle qui, avant son mariage, se prostituait habituellement. *In ea uxore potest maritus adulterium vindicare, quæ vulgaris fuit : quamvis, si vidua esset, impune in ea stuprum committeretur.* (L. XIII § 2. D. même titre.) Ainsi la haine du célibat étendait un voile discret sur l'odieux passé de la fille assez heureuse pour rencontrer quelqu'un qui la tirât du ruisseau et l'élevât jusqu'à lui !

A ce sujet, des doutes sérieux se sont élevés d'un texte contradictoire du Code, qui donne une solution opposée : *Si ea, quæ stupro tibi cognita est, et passim venalem formam exibuit, ac prostitutam meretricis more vulgo se præbuit adulterii crimen in ea cessat.* (L. 22, C. IX. 9.) Ce rescrit ne s'occupe pas de la femme, mais du sort réservé au complice qui, trompé par les allures dévergondées d'une femme mariée, l'a prise pour une prostituée et a eu des relations avec elle. A cette époque où les divorces étaient si fréquents, il pouvait arriver qu'une personne de bonne foi commît un adultère dans ces conditions : alors, elle n'encourait aucune peine. La femme seule était répréhensible.

B. *Honesta.* — Il existait certaines catégories de femmes non mariées dont les agissements échappaient à l'inquisition de l'autorité. Elles pouvaient en toute liberté exercer leur infâme trafic, celles qui faisaient métier de leur corps ; c'était, suivant l'expression saisissante de M. Esmein, « comme une part abandonnée à la débauche. » Dans son mépris pour tout ce qui regardait le commerce et l'industrie, la loi romaine se désintéressait également des relations que l'on entretenait avec les femmes de basse extraction vendant sur les marchés, les filles d'auberge, les actrices gagées. Mais, par contre, la chasteté de la veuve ou de la jeune fille de bonne société était protégée contre les séducteurs par la peine sévère attachée au *stuprum*.

C. *Libera.* — La fréquentation des esclaves du sexe féminin comportait une autre solution que l'adultère avec des personnes libres ; on la considérait comme un dommage causé à la chose d'autrui, dont la réparation s'obtenait au moyen des actions de la loi *Aquilia, injuriarum ou de servo corrupto. Inter liberas tantum personas adulterium stuprumve passas lex Julia locum habet.* (L. VI, pr. D. même titre.)

28. *II. L'adulter.* — Après avoir puni l'épouse infidèle, le législateur ne commit pas la faute de laisser dans l'ombre le complice, cause par ses intrigues et ses obsessions de la désunion des ménages. A quelque condition qu'il appartînt, sa culpabilité n'avait pas d'excuse ; l'esclave lui-même était valablement mis en accusation de ce chef. *Servos quoque adulterii posse accusari nulla dubitatio est.* (L. 5, Ulpien. Liv. 3, *de adulteriis.*) Quoique la chose du mari trompé, il revêtait une individualité

qui obligeait de le traiter comme tout le monde et de le livrer aux tribunaux ordinaires plutôt qu'à la vengeance cruelle d'un maître outragé. Le jeune âge de l'*adulter* n'était pas non plus pris en considération, et le mineur de vingt-cinq ans, aussitôt que pubère, devenait punissable. (L. 36. D. à notre titre.)

29. *III. Entremetteurs.* — Au lieu de se borner, suivant l'ancienne tradition, à mettre en jugement les deux principaux coupables, seuls coauteurs du crime, la loi Julia avait prévu le cas de complicité de celui qui favorise sciemment dans sa maison des relations avec une femme mariée. La jurisprudence, étendant la portée de cette disposition, ne tarda pas à l'appliquer à beaucoup d'autres personnes suspectes, sorte de courtiers en adultères, d'une habileté consommée à ménager ces rendez-vous intimes où sombrait la vertu des femmes. Mais, prévoyant que ces dernières s'entoureraient désormais de précautions infinies pour continuer sans inquiétude une existence agitée, elle résolut de forcer les retraites qui abriteraient leurs déportements. De là les nombreux cas de complicité qu'elle crée. Celui ou celle qui prête en connaissance de cause sa maison pour la consommation de rapports charnels sera puni *quasi adulte*. (L. 8 pr. D. à notre titre.) Même peine contre qui loue à cette destination la maison d'un ami; la qualité de propriétaire de l'habitation n'est nullement exigée: le fait de fournir un lieu de réunion aux couples adultères constitue un acte répréhensible. Fût-ce même dans un établissement de bains ou dans un champ qu'on aurait facilité l'entrevue criminelle, les textes trouveront leur application. *Sed et si quis in agro balneove stuprum fieri præbuisset, comprehendi debet.* (L. 9 § 1. D. à notre titre.)

Que dans la maison se soient simplement tenus les conciliabules préparatoires du crime, il n'en faut pas plus pour caractériser l'aide frauduleux que l'on veut atteindre, ... *etsi eo loci nihil fuerits admissum verumtamen videtur is domum suam, ut stuprum adulteriumve committeretur, præbuisset: quia sine colloquio illo adulterium non committeretur.* (L. 9 § 2. D. à notre titre.)

Telles sont les différentes formes que pouvait affecter la complicité par assistance, *ope.*

La psychologie fouilleuse de la loi pourchasse encore la participation morale qui se traduit de la part de son auteur en incitations malsaines : pas de pitié pour l'homme dont les encouragements pervers habituent à l'idée de la débauche. Si la corruption de la pensée a comme corollaire la perversité des sens, il est nécessaire de supprimer l'une afin d'éviter l'autre. *Hæc verba legis, ne quis posthac stuprum, adulterium facito sciens dolo malo, ... pertinent.* (L. [illegible]. D à notre titre.) Toutefois c'est là une interprétation extensive donnée au texte d'Auguste par les jurisconsultes.

30. *IV. Mari.* — Les Romains de l'époque impériale avaient singulièrement perdu de la dignité des ancêtres : devenus des maris de comédie, ils assistaient impassibles à l'émiettement de leur honneur, à la profanation du foyer jadis si respecté. Cette résignation passive, symptôme des progrès effrayants du relâchement des mœurs, pouvait s'expliquer par les torts qu'ils avaient eux-mêmes envers leurs femmes : les délits étaient réciproques. On sentit vite en haut lieu le besoin de réagir contre cette facilité par trop grande qu'ils laissaient à leurs rivaux et de leur imposer une ligne de conduite dont ils ne sauraient s'écarter sans enfreindre les prescriptions légales. Puisque toute noblesse de sentiment s'était éteinte chez eux, la coercition réveillerait peut-être leur amour-propre anesthésié au point de ne plus sentir l'outrage. D'une patience aussi débonnaire à la complicité odieuse qui spécule sur l'inconduite, il n'y avait pas loin. C'est pourquoi le mari qui avait surpris son *uxor* en flagrant délit devait la répudier immédiatement s'il tenait à ne pas être condamné comme *leno.* A coup sûr, la victime n'était pas fort intéressante ; mais en la protégeant contre sa propre faiblesse, la loi cherchait dans l'intérêt général à rendre un

nouvel essor à l'institution du mariage. Vainement il eût voulu faire l'oubli sur son infortune en pardonnant à la coupable, la loi qui le suspectait de complaisance s'y fût opposée. Un seul parti s'offrait à lui : le *repudium* devant sept citoyens romains et pubères. C'était la suppression des pouvoirs jadis illimités du chef de famille qu'imposait l'avilissement des caractères.

Supposons que le mari n'a connu l'adultère de sa femme qu'à la suite d'enquêtes ou de dénonciations, libre à lui d'user de mansuétude ; sa conscience seule reste juge ; le législateur ne va pas jusqu'à lui faire un crime de son indifférence ou de sa longanimité ; il admet que des gens se complaisent dans le ridicule. Il en est autrement quand l'époux trompé n'a point honte de toucher le prix des faveurs que sa femme accorde à un tiers : l'ignominie d'un pareil marché mérite une flétrissure publique. *Qui quæstum ex adulterio uxoris suæ fecerit, plectitur... quæstum enim de adulterio uxoris facere proprie ille existimendus est, qui aliquid accepit uxorem pateretur adulterari meretricio quodam genere.* (L. 29. 4. D. à notre titre.)

Le mari à qui le *jus occidendi* a été enlevé doit livrer aux *quæstiones* le complice *deprehensus* : s'il le laisse partir indemne, il se rend coupable de *lenocinium*. Qu'il le renvoie sans condition ou après avoir exigé de lui le paiement d'une somme d'argent, dans les deux cas il manque à son devoir. Assurément l'idée d'une transaction pécuniaire débattue d'un commun accord dans un pareil moment répugne à l'esprit ; l'honneur n'est pas chose vénale ; mais on ne comprendrait pas davantage la résignation de l'homme qui ne se révolterait pas à la vue de ses droits usurpés par un rival audacieux. Inutile de penser au pardon de l'injure, *quod lex voluerit in ipsa turpitudine deprehendentem maritum cœrceri.* (L. 29. pr. D. à notre titre.)

Est-ce un soldat qui réalise ces profits illicites ? Il encourt la dégradation militaire et la déportation. Tombe aussi sous le coup de la loi l'homme marié qui, hors le cas de flagrant délit, aura extorqué par menaces ou artifices frauduleux quelque argent du complice de sa femme. En pareil cas, l'action en restitution *quod metus causa* est donnée à ce dernier.

31. *V. Divers.* — Etaient encore punis comme complices les tiers qui renonçaient moyennant finances à mettre en accusation les coupables surpris par eux. Cependant, à la différence du mari, on ne les poursuivait pas s'ils gardaient le silence par pur désintéressement. L'innovation qui faisait de l'adultère flagrant ou non une infraction rendait possible le chantage : il était à craindre que des gens peu scrupuleux cherchassent à tabler sur les situations fausses dont ils auraient pénétré les secrets; pour y remédier, on les engloba parmi ceux « *qui lenocinii crimine damnantur* ».

Des raisons morales font déclarer adultère et noter d'infamie le tuteur qui a épousé avant l'âge de vingt-six ans sa pupille, ou le curateur la jeune fille dont il a eu la curatelle, car lorsqu'arrive cette époque, étant obligé de rendre ses comptes, il a l'espoir en se mariant de couvrir ainsi les irrégularités de son administration. Une telle union n'a pas d'existence légale : *non est matrimonium.* Même solution quand un soldat a vécu *in contubernio* avec sa nièce. Enfin, épouser une femme condamnée pour adultère, c'était commettre le délit de *lenocinium, adulterii damnatam, si quis duxerit uxorem, ea lege teneri.* (L. 29 § 1. D. à notre titre.)

Nous verrons au chapitre des peines de l'adultère les raisons de cette prohibition singulière, qui paraît en contradiction avec l'esprit même de la loi Julia.

SECTION III

Comment s'exerce l'action ?

32. La nouvelle législation ne pouvait donner de bons résultats qu'à la condition de remanier entièrement la pro-

cédure élémentaire en vigueur jusqu'alors. Sa hardie complexité se serait mal accommodée de l'extrême réserve avec laquelle on confiait à de rares personnes la répression de l'adultère. Sous l'influence des événements, on avait compris que ce crime, s'il lésait des intérêts particuliers, portait aussi atteinte à l'ordre social, qu'il importait donc de remettre au peuple la garde de sa propre moralité. Cette conception de la pénalité amena le plein épanouissement du système accusatoire. Grâce à une organisation inquisitoriale et universelle, la poursuite et la recherche de l'adultère, classé maintenant parmi les *crimina publica*, appartiennent à tout citoyen. Cependant, certaines catégories de personnes ne jouissent pas de ce droit, soit à cause de leur sexe, commes les femmes, soit à cause de leur âge, comme les mineurs de vingt-cinq ans, à moins que *suum matrimonium vindicare velint*, soit à cause des fonctions qu'elles occupent ou parce qu'elles sont notées d'infamie. Est-ce à dire que le privilège réservé autrefois au *pater familias* et au mari ait passé dans le domaine public ? Nous allons voir que pour éviter de malencontreuses accusations, la loi soumet l'exercice de l'action à des formalités préalables. D'abord il faut étudier dans quelles limites subsistent les prérogatives des principaux intéressés en distinguant suivant que le délit est ou non flagrant.

33. A. — Le père ou le mari porte plainte contre la femme dont la cupabilité a été indirectement établie.

Ecartons de suite le cas où, la répudiation n'ayant pas chassé du foyer pollué l'épouse adultère, toute poursuite était impossible de la part du mari. Souverain appréciateur de la faute commise, il lui était loisible de renoncer à une réparation qui n'interviendrait qu'au prix d'une rupture irrévocable, toujours fort pénible. Pourvu qu'il ne cherchât point à procurer l'impunité à sa femme d'une façon répréhensible, la paix du ménage devait être respectée.

Mais quand le divorce a dissous l'union contractée, quand le *repudium* a eu lieu dans les solennités requises pour fixer avec précision le point de départ des divers délais durant lesquels la femme était exposée à l'accusation d'adultère, le père et le mari peuvent seuls, pendant soixante jours à compter de cette date, prendre l'initiative des poursuites. (L. 14 § 2. D. à notre titre). Ils ont toutes facilités de mettre à profit cette période composée de jours utiles qui ne comptent que si on a pu agir *jure mariti aut patris* (1). « *Et quidem in primis exigendum est ut sit facultas agendi* ». (L. 1 pr. D. Liv. XLIV, titre 3.) L'éloignement, la captivité, la maladie sont autant de causes plausibles d'interruption de la prescription. D'ailleurs les textes ne laissent aucun doute à cet égard. (L. 11. § 6. D. à notre titre. — L. 6. C. Liv. IX, titre 9.) Ce droit de priorité donné exclusivement au père et au mari avait pour complément des avantages incontestables qui en faisaient un véritable privilège. Ainsi le fils de famille non autorisé, le citoyen qui soutient parallèlement deux procès criminels (L. 12 § 2. D. Liv. 48, titre 2), l'individu condamné *publico judicio*, l'affranchi ne possédant pas 30,000 sesterces n'étaient pas privés en matière d'adultère du *jus accusandi*, comme ils l'eussent été en toute autre circonstance. (L. 6 §§ 2. et 3. D. à notre titre.)

34. Qu'arrivait-il si l'accusation tombait faute de preuves? L'étranger qui l'avait portée témérairement était noté d'infâmie. La même flétrissure frappait-elle le mari *calumniator*? On serait tenté de le croire à la lecture du document suivant : « *Jure mariti qui accusant calumniæ periculum non evitant.* » (L. 14 § 3. D. à notre titre.)

Cependant, la solution contraire est affirmée par des textes non moins probants « *in sexaginta diebus præteritis, in quibus jure mariti sine calumnia vir accusare mulierem adulterii potest...* » (L. 37 § 1. D. Liv. 4, titre 4.) De là des difficultés

(1) La loi 30 § 1. D à notre titre a donné le jour à une opinion d'après laquelle le laps de temps aurait été un *tempus continuum*, mais les termes controversés « *in diebus autem sexaginta ipse sexagesimus est* » signifient plutôt que le dernier jour utile appartient jusqu'à la dernière minute à l'accusateur.

que les plus ardentes controverses n'ont pas encore élucidées. Hasardant après tant d'autres une explication conjecturale de ces divergences, nous dirons qu'il faut y voir simplement la trace d'un revirement de jurisprudence qui replaça sous la loi commune le mari trop aventureux resté jusque sous Auguste impuni, à raison de sa qualité.

Par ces dispositions s[illegible] loi Julia essayait de dissimuler la méfiance que lui i[illegible]rait le mari et ménageait une habile transition entre la doctrine du passé et les nouveaux principes.

35. Dans quel ordre le père et le mari intentent-ils le *crimen adulterii ?* Agissent-ils indifféremment l'un après l'autre ou doivent-ils observer une règle de préséance ? Le mari est toujours préféré : on a la certitude qu'aigri par un ressentiment bien légitime il s'efforcera de venger l'injure faite à son nom. Même si le père, prenant les devants, a déposé le premier son libelle d'accusation aux mains du préteur, il primera encore pourvu que, au lieu de conniver avec sa femme ou de s'endormir dans une négligence coupable, il s'occupe de rassembler les preuves capables d'asseoir solidement le procès. (L. 2 § 8. D. à notre titre.)

Supposons que les poursuites exercées par un *extraneus*, à l'expiration des soixante jours, aboutissent à l'acquittement de la femme, le mari pourra recommencer l'instance, s'il justifie son retard par l'existence d'un obstacle valable.

Le père, lui, conservera son droit de plaignant intact aussi longtemps que son action sera paralysée. Voici la portée de cette remarque : les délais cessent de courir à l'encontre du père au moment précis où le mari traduit l'épouse coupable devant la *quæstio*. C'est par exemple le cinquante-huitième jour depuis le divorce que ce dernier, jugeant l'affaire suffisamment instruite, a dressé l'acte d'accusation ; il restera deux jours pleins au père pour agir, le cas échéant. Mais tout le temps que dure leur inaction compte pour la prescription : solution très raisonnable qui les empêche de prolonger ou même de doubler la période à eux impartie en ne bougeant ni l'un ni l'autre avant le dernier jour utile. (L. 4 pr. D. à notre titre.)

Nous savons qu'il est interdit à l'époux trompé, titulaire d'une fonction publique, d'accuser avant de sortir de charge. Dans cette hypothèse, les soixante jours entiers subsistent au profit du père forcé de s'abstenir jusqu'à nouvel ordre; *quoad, maritus magistratum gerit patris quoque, accusationem impediendum, ne præripiatur marito jus, quod cum eo æquale habet; igitur non cedent sexaginta dies patri, cum accusare non potest.* (L. 15 pr. D. à notre titre.)

36. Aussitôt les soixante jours écoulés sans intervention du père ni du mari, leur privilège disparaît, « *ultra eos dies neutrius voluntas spectatur* », et un nouveau délai commence pendant lequel il sera permis à tout le monde, sauf les exceptions rappelées, de se porter accusateur. Que le cœur ait parlé plus haut que le devoir chez ces parents, qu'ils aient renoncé à entreprendre des poursuites dont le scandale les éclabousserait, cela est fort naturel, mais ces considérations d'ordre privé n'arrêteront pas les tiers. Ceux-ci ont quatre mois utiles pour provoquer un *judicium publicum* contre la femme. (L. 4 § 1er. D. à notre titre.) Et ils sont recevables de suite si le père et le mari déclarent ne pas vouloir agir. (L. 15 § 5. D. à notre titre.) Il ne faudrait pas croire à l'impossibilité absolue pour le mari de venir en concours avec les étrangers parce qu'il aurait omis d'accuser dans les deux mois qui lui étaient réservés; on lui laissait au contraire la préférence *jure extranei.*

37. Des observations précédentes, il résulte que la femme dont l'adultère n'a pas été judiciairement constaté en temps utile, pendant les six mois *ex die divortii*, invoquera avec succès la prescription de l'action. Le même bénéfice légal est encore opposable à l'accusation qui se produit après cinq ans continus depuis le jour du délit. Il paraît surprenant à première vue que l'oubli se fasse si vite sur une faute aussi grave.

Pourquoi, au lieu de conserver ici l'action perpétuelle, avoir créé une prescription aussi courte ? On voulait éviter de perpétuer des souvenirs irritants, de prolonger outre mesure l'incertitude de la situation créée par l'adultère. Puisque la femme condamnée de ce chef devient à jamais indigne de porter le titre d'*uxor*, puisque la loi punit également le mariage contracté avec elle et le célibat, il était nécessaire que l'on sût promptement si l'on se trouvait en présence d'une adultère flétrie par les tribunaux ou d'une simple divorcée. Les cinq années courant sans interruption *ex die commissi criminis*, l'accusation pouvait être irrecevable avant la fin des six mois accordés au *public*. La mort du mari éteignait le privilège du père et ne laissait subsister que le délai de quatre mois ouvert à tous les citoyens.

Pendant toute la durée du mariage, ni le mari ni les tiers ne peuvent accuser le complice de la femme. De cette sorte, rien ne viendra jeter le trouble dans sa famille.

Aussitôt le divorce prononcé, le droit d'accusation appartient au mari et au père pendant soixante jours. Si le mariage est dissous par le décès du mari, les poursuites sont possibles immédiatement. Lorsque c'est la femme qui meurt la première, l'accusation peut commencer sans retard.

38. Moins favorisé que sa complice, l'*adulter* n'était admis à se prévaloir de la prescription qu'après un laps de cinq ans. La poursuite restait possible, même si depuis le divorce six mois s'étaient écoulés, pourvu que le fait délictueux ne remontât pas au delà de cinq ans. Toutefois on ne mettait pas en jugement le citoyen retenu au dehors par l'intérêt de l'Etat, à moins que son absence n'ait été un moyen d'éluder la répression, « ... *ne quis inter eos referat eum qui tum sine detrectatione rei publicæ causa aberit.* » (L. 15 § 1er. D. à notre titre.) En cas de décès de la femme, il était exposé à l'accusation immédiate du premier venu.

39. Il nous reste à passer en revue les règles de procédure

que comportait le système formaliste des *judicia publica* et dont l'inobservation entraînait nullité du procès. L'accès des tribunaux étant ouvert à tous, il arrivait parfois que plusieurs plaignants se rencontraient accusant le même coupable : le président, pour se conformer au principe qui ne permet qu'à un seul citoyen d'intenter l'action, choisissait parmi eux celui dont il accueillerait en fin de compte la citation. L'accusateur ainsi désigné avait alors la faculté de poursuivre séparément la femme et le complice ; l'action dirigée simultanément contre les deux était nulle et non avenue. (L. 15 § 9. D. à notre titre. — L. 8 C. Liv. IX, titre 9.) Aucune bonne raison n'explique de pareilles lenteurs, alors qu'on pouvait impliquer dans les mêmes poursuites l'un des principaux coupables et un entremetteur.

Dans l'hypothèse que nous allons rapporter, c'était une obligation d'accuser le complice avant de s'en prendre à la femme. Celle-ci, répudiée par son mari, s'est engagée de suite dans les liens d'une nouvelle union. Sa nouvelle condition lui donne le droit d'opposer en tout état de cause cette question préjudicielle à l'action : mon complice a-t-il été poursuivi et condamné ? « *Non ante accusari poterit quam adulter fuerit convictus.* » (L. 11 § 11. D. à notre titre.) Si le procès fait à ce dernier se termine par un acquittement, elle ne pourra pas être inquiétée. Il importe peu que ce résultat négatif soit dû à la collusion ou que la femme ait précisément épousé son amant ; le législateur qui se propose la protection des mariages veut restreindre dans la mesure du possible les attaques susceptibles d'en amener la dissolution. Faveur excessive qui frise l'immoralité, mais qui résume bien les visées de la loi, « .... *neque aliam lex tuetur, quam eam quæ nupta est, quamdiu nupta erit.* » (L. 19, D. à notre titre.) Cependant le mari parvenait à déjouer le calcul de la femme en lui notifiant après le divorce son intention de l'accuser, *ne Scio nuberet.* Grâce à cette précaution, il se réservait le droit de commencer par elle, même si, passant outre à l'avertissement, elle convolait à de secondes noces. (L. 16. D. Livre XLVIII, titre 5. — L. 14, C. Livre IX, titre 9.)

A ces exigences des textes venaient encore s'ajouter les difficultés de rédaction de la formule. La moindre omission était de nature à compromettre la réussite du procès. Voici, d'après Paul, la lettre exacte du libellé introductif d'instance ; elle forme la loi 3. pr. D. Liv. XLVIII[1].

Lucius Titius déclare traduire devant le consul ou le proconsul, en vertu de la loi Julia, Mœvia qu'il accuse d'avoir commis le délit d'adultère avec Gaius Seius dans telle ville, à tel endroit, à telle date, sous tel consulat.

Ce procès-verbal détaillé devait être rédigé suivant cette formule invariable, à peine de nullité, et signé par son auteur. Mais le procès n'était véritablement engagé qu'au moment de la *receptio inter reos* du délinquant.

41. Comment s'administrait la preuve de l'adultère ? Contre les personnes libres, par les témoignages ou les aveux arrachés à leurs esclaves ; contre les esclaves, par les tortures qu'on leur faisait subir. L'accusateur pouvait se les procurer malgré la volonté du maître en lui versant une estimation fixée préalablement par les juges. En cas d'acquittement, le plaignant payait au *dominus* le double du prix de sa chose qu'il avait abîmée dans les supplices.

Contrairement au droit commun, les esclaves étaient admis à déposer contre leurs maîtres accusés d'adultère, parce qu'ils constituaient la plupart du temps la seule preuve de ce crime discrètement commis.

Le père ou le mari étaient-ils plaignants : ils avaient l'action *ad exhibendum* pour se faire remettre les esclaves dont ils voulaient se servir à l'appui de leur accusation. La femme poursuivie ne pouvait valablement en affranchir aucun dans les soixante jours du divorce.

Les écueils nombreux qui entravaient la liberté des poursuites dégoûtèrent vite les accusateurs de profession, peu soucieux de se heurter à tant d'obstacles pour obéir à la loi.

(1) *Consul et dies: apud illum praetorem, vel proconsulem, Lucius Titius professus est se Mæviam lege Julia de adulteriis ream deferre; quod dicat eam cum Gaio Seio in civitate illa, domo illius, mense illo, consulibus illis, adulterium commisisse.*

SECTION IV

Droits du père et du mari en cas de flagrant délit.

42. Le coup le plus funeste porté aux idées précédemment reçues sur la puissance maritale fut certainement la suppression du *jus occidendi*. Il eût été conforme aux progrès des temps d'interdire complètement la coutume quelque peu sauvage qui consistait à laver dans le sang la souillure de l'adultère; mais, singulière bizarrerie, en désarmant le mari on renforçait les droits de justicier reconnus au père : au pas fait en avant succédait pour ainsi dire un mouvement rétrograde; la doctrine ancienne altérée sur un point subsistait dans ses autres dispositions. Quelle raison donner d'une pareille distinction? Dans l'irritation du moment, le mari, exaspéré par la constatation du fait brutal, assouvirait cruellement sa vengeance, tandis que le père, placé en face de son enfant, ne se décidera à sévir qu'après réflexion, en admettant qu'il ne cède pas à la voix de la nature qui lui crie pitié! « *Quod plerunque pietas paterni nominis consilium pro liberis capit : cæterum mariti calor et impetus facile decernentis fuit refrænandus.* (L. 22 § 4. D. à notre titre). »

43. A. *Le père naturel ou adoptif tue les coupables.* — Il bénéficiera de l'excuse légale aux conditions suivantes :

1° Si la femme est *filia familias*. Conséquence, ni le grand-père, ni les ascendants qui l'ont sous leur puissance, ni le père *alieni juris* pourront s'arroger un droit exclusivement réservé au *paterfamilias sui juris*. (L. 20 et 21. D. à notre titre.) En dehors de ce cas, la loi maintient encore pour le père le droit de tuer, même après la *conventio in manum* faite au profit de son gendre, à retenir le *jus vitæ necisque* et à servir d'instrument homicide au mari qui réclame son intervention. Désormais, le *jus occidendi* reste fixé à la seule qualité de père ;

2° Si le flagrant délit est découvert dans le domicile paternel bien que la fille n'y habite pas, ou dans la maison conjugale. On légitime à juste titre le châtiment suprême infligé à la femme assez cynique pour choisir ces endroits comme théâtre de sa débauche. Commis dans une autre propriété inhabitée du père, l'adultère n'est pas puni de mort ;

3° Si la femme est surprise aux bras de son complice dans une position ne laissant aucun doute sur l'acte criminel qui s'accomplit. « *In filia adulterum deprehenderit* », dit la loi Julia, et les expressions énergiques des jurisconsultes Labeon et Pomponius, *in ipsa turpitudine, in ipsis rebus Veneris*, prouvent suffisamment qu'elle exige une culpabilité indéniable. (L. 23, pr. D. à notre titre.) Bien plus, l'homme qui, trouvé nuitamment dans le lit du mari, justifiait sa présence à cette place par un motif même inavouable, n'encourait aucune peine. A ce propos, Valère Maxime rapporte qu'un certain Callidius, ayant confessé que l'amour d'un jeune esclave l'avait poussé à s'introduire ainsi chez un tiers, fut absous : « *crimen adulterii libidinis intemperantis, confessio liberavit* [1] ;

4° S'il tue à la fois, *in continenti*, la femme et le complice, il faut que tous deux tombent sous ses coups ; unis dans le crime, ils doivent l'être dans l'expiation ; le meurtre de l'un empêche de faire grâce à l'autre. Le bras vengeur qui n'accomplissait qu'à demi sa sinistre besogne commettait un assassinat puni des peines de la loi Cornelia *de sicariis*. Sans cette règle inexorable, le père se serait contenté de sacrifier l'*adulter* au ressentiment du mari et n'aurait pas eu trop d'indulgence pour la faute de sa fille.

L'un des coupables avait-il survécu par hasard à ses blessures, le meurtrier devait payer sa maladresse de la déportation,

(1) Valère Maxime, Liv. VIII, 1, 12.

sinon de la vie ; mais un rescrit impérial postérieur à la *lex Julia* vint lui assurer l'impunité, pourvu qu'il n'eût point fait exprès de porter des coups peu dangereux. (L. 32 pr. D. à notre titre.)

11. B. En ce qui concerne le mari, la civilisation a fait table rase du passé ; de cette magistrature souveraine qu'il exerçait, de ces décisions sans appel qu'il rendait, de cette justice expéditive dont il disposait, plus d'autre vestige qu'un droit de correction.

Privé d'une façon absolue du droit de tuer sa femme surprise en flagrant délit, il ne pouvait même pas, comme son père, mettre à mort le complice, quel que soit son rang, mais seulement les gens notés d'infamie, ceux qui vivent de prostitution, les esclaves, le *leno*, acteur, baladin ou chanteur, les individus flétris par un jugement public et non réhabilités, les gladiateurs, l'affranchi du mari, de la femme, du père ou de la mère, du fils ou de la fille. Encore faut-il qu'il les surprenne dans sa propre habitation, *domi suæ*. Sa vengeance satisfaite, il doit sur le champ chasser l'épouse adultère et dans les trois jours déclarer au magistrat les circonstances qui ont accompagné le meurtre. Si l'amant découvert chez lui ou ailleurs est un citoyen de marque qu'il ne peut tuer, il aura le droit de le garder à vue vingt heures consécutives, le temps nécessaire pour faire constater le délit par des témoins qui appuieront l'accusation. S'il tuait sa femme trouvée en faute, on l'exemptait de la peine de mort en considération de sa juste douleur, mais on le frappait de quelque peine afflictive, des travaux forcés ou de l'exil, suivant qu'il était de condition vile ou constitué en dignité.

Toutes ces restrictions vexatoires apportées à l'exercice du *jus occidendi* établissaient clairement l'intention du législateur de substituer à la juridiction domestique la compétence des tribunaux ordinaires.

SECTION V

Fins de non-recevoir opposables à l'action.

45. *In limine litis*, l'accusation devenait irrecevable quand le prévenu opposait comme moyen de défense l'une des nombreuses *præscriptiones* créées par la loi ou imaginées par la pratique. A dessein, Auguste n'avait pas délimité rigoureusement leur nombre pour parer au danger des plaintes trop hâtives. Soulevées avant la mise au rôle de l'affaire, avant la *nominis receptio*, elles forçaient le président de la *quæstio* à renvoyer le coupable des fins de la plainte. Nous en avons déjà rencontré plusieurs au cours de nos explications : rappelons-les brièvement en complétant la liste.

A. — La femme qui s'était remariée aussitôt que répudiée se retranchait valablement derrière la fin de non-recevoir tirée de ce que son complice n'avait pas été condamné préalablement aux poursuites dirigées contre elle.

B. — Les prescriptions spéciales de cinq ans et de six mois étaient un précieux moyen de paralyser l'action de la justice.

C. — On invoquait utilement la prescription « *si legem prodidisse dicatur hoc, quod adgressus accusationem adulterii destitit* » (L. 2 § 1. Liv. 48, titre 5. -- L. 2, Liv. 48, titre 16), en réponse au mari qui, après désistement, renouvelait l'accusation d'adultère *jure mariti* en la basant sur d'autres griefs.

D. — C'est également avec une *præscriptio* que la femme divorcée puis remariée réduisait à néant l'information provoquée par son second mari à l'occasion de la faute qui avait dissous la précédente union. L'homme qui lui donnait son nom ratifiait sans recours sa conduite passée et se faisait pour ainsi dire le complice de ses déportements d'autrefois.

E. — Une question se pose à propos de la *præscriptio lenocinii* : empêche-t-elle l'accusation maritale d'aboutir ? On avait d'abord décidé qu'une sorte de compensation s'opérerait entre les fautes respectives des époux et que le mari qui avait fait trafic de l'adultère de sa femme serait mal venu à se poser en champion de la morale outragée, « *ea lege, quam ambo contempserunt, neuter vindicetur : paria enim delicta mutua pensatione dissolvuntur* ». (L. 39. D. Liv. 24, titre 3.) Plus tard, sous l'empire de notre loi, cette doctrine illogique fut remaniée et remplacée par des dispositions où le bon sens et l'équité trouvaient leur compte. L'odieuse spéculation de l'époux trompé ne couvrit plus les écarts de sa femme et pareille fin de non-recevoir n'arrêta plus le cours de la justice, *sed non est hujus modi compensatio admissa*. (L. 2 § 4. D. Liv. 48, titre 5.) Invoquée par le complice, elle ne l'innocente pas, mais elle lui permet de mettre le mari en jugement ; aux mains de la femme, elle est une arme inutile, puisque son sexe l'empêche d'accuser, mais le magistrat a le droit de punir d'office le *lenocinium* porté ainsi à sa connaissance. Enfin, Dioclétien abandonna cette solution pour en revenir à la première ; la loi 28, Code Livre IX, titre 9 établit formellement que cette *præscriptio* figure parmi les trois conservées par cet empereur « ..... *et lenocinii quod marito objicitur exceptionem*.... »

La mort de la femme adultère ne dessaisissait pas les *quæstiones* de la poursuite commencée contre le complice et n'empêchait pas de l'entreprendre. Il est étonnant qu'une telle disposition ait trouvé place dans la législation d'un peuple si jaloux du culte de ses morts.

SECTION VI

Peines de l'adultère.

46. Longtemps, d'interminables discussions nées de la contrariété des textes relatifs à la question ont agité les commentateurs. L'ignorance où l'on était des prescriptions pénales édictées par la loi Julia laissaient le champ large aux hypothèses. De nos jours, la majorité s'est prononcée en faveur de l'opinion de Paul, d'après laquelle la pénalité portée contre la femme adultère était la relégation temporaire *in insulam* aggravée de la confiscation du tiers des biens et de la retenue par le mari de moitié de la dot. « *Adulterii convictas mulieres dimidia parte dotis, et tertia parte bonorum, ac relegatione in insulam placuit coerceri.* (Sentences Liv. II, titre 26 § 14.) L'incertitude venait de ce que cette disposition catégorique se trouvait en opposition complète avec l'enseignement de Justinien, pour qui la *lex Julia* figurait au nombre des *judicia publica* entraînant la peine capitale. « *Item lex Julia de adulteriis coercendis quæ non solum temeratores alienarum nuptiarum gladio punit, sed et eos qui cum masculis nefandam libidinem exercere audent.* (*Institutes*, Liv. IV, titre 18 § 4.)

Pour nous convaincre que l'erreur a bien été commise par cet empereur, les raisons abondent. Citons en premier lieu l'autorité d'historiens considérables qui, dans leurs récits des événements contemporains d'Auguste, prouvent qu'en cas d'adultère la relégation était la peine habituellement portée. Tacite en donne plusieurs exemples célèbres : « *Adultero Manlio, Italia atque Africa interdictum est*[1] »; « *Quædam Vistilia ob vulgatam adul-*

(1) Tacite, *Annales, II*, 51.

terii crimen in insulam Seriphon addita est [1]. » Les lettres de Pline nous apprennent qu'une femme convaincue d'adultère avec un centurion fut condamnée par Trajan aux peines de la loi Julia, encore en vigueur : « *Juliæ legis pœnam relictam esse* [2]. »

Des explications de Tacite, il ressort à l'évidence que le complice d'une femme quelconque encourait la relégation, mais que la mort était le châtiment réservé aux suborneurs des parentes d'Auguste. Dans ce cas, l'infraction aux mœurs se compliquait d'un crime de lèse-majesté qu'il jugeait *extra ordinem*, sans tenir compte de ses propres lois : *suas ipse leges egrediebatur*. Cette expression topique résume admirablement la doctrine que nous rallions : la *relegatio*, peine de droit commun, ne suffisait pas à punir l'audacieux qui s'attaquait à l'honneur de la famile impériale. D'ailleurs, il était inconséquent de prêter une pareille sévérité à la législation qui s'appliquait à se départir de la rigueur des périodes précédentes. Alors que les restrictions apportées au *jus occidendi* équivalaient à sa suppression, le moment eût été mal choisi pour promulguer une loi de sang. Et puis l'adultère n'apparaissait plus aux Romains de l'empire comme la plus énorme faute dont puisse se rendre coupable la femme ; le scepticisme avait poussé des germes ; les croyances religieuses qui faisaient la force de la famille s'en étaient allées à la dérive, et les dieux bafoués voyaient leurs sanctuaires abominablement souillés. En effet, les temples eux-mêmes étaient devenus, grâce à la morale facile des prêtres, des lieux où s'accomplissaient toutes espèces d'infamies. « *Ubi autem magis a sacerdotibus quam inter aras et delubra conducuntur stupra, tractantur lenocinia, adulteria meditantur* [3] ».

Enfin, si l'on admettait comme exacte l'affirmation de Justinien, il deviendrait impossible de comprendre certaines incapacités édictées contre les adultères, comme par exemple l'in-

(1) Tacite, *Annales*, *II*, 85.

(2) Pline, VI, 31.

(3) Minucius Félix, *Octavius*, p. 67.

terdiction de témoigner en justice, la défense faite aux femmes condamnées de se remarier. (L. 29 § 1. D. à notre titre.) On objecte le passage suivant tiré de la loi 9 au Code (Livre IX, titre 9), qui semble répondre victorieusement à ces arguments : « *Qui autem adulterii damnatam si quocunque modo pœnam capitalem evaserit sciens duxerit uxorem, etc....* » C'est donc, dit-on, que la mort constituait la peine réservée aux crimes d'adultère. Mais ce texte ne peut être invoqué dans le débat, parce qu'il se place à une époque de beaucoup postérieure au règne d'Auguste. A notre avis, il n'émane pas de l'empereur Sévère, mais de Constantin qui punissait du dernier supplice la violation de la foi jurée.

Il paraît inadmissible à première vue que l'auteur des *Institutes* ait pu commettre un anachronisme aussi grossier. Cela n'a rien de surprenant pour qui sait de quelle façon fut composé le recueil de constitutions impériales connu sous le nom de Code. Les plus larges pouvoirs avaient été donnés à Tribonien et aux autres commissaires chargés de sa rédaction.

« Supprimer les inutilités, dit M. Accarias, éviter les contradictions, faire des additions, retranchements ou substitutions nécessités par un intérêt de clarté ou par des changements de législation, fondre plusieurs constitutions en une seule : telle fut leur tâche. » Pourquoi s'étonner que, désireux de lever les difficultés qu'ils rencontrèrent à ce propos, les jurisconsultes aient interpolé ces dispositions de loi sans souci de leur véritable date ?

47. Frappée dans sa liberté, la femme l'était aussi pécuniairement. De sa dot et de ses biens, le mari acquérait deux parts, dont nous avons déterminé plus haut le *quantum*. La confiscation de la moitié des biens dotaux était une conséquence de l'impossibilité pour la condamnée de contracter un autre mariage. A quoi bon, en effet, lui donner de nouvelles occasions d'enfreindre encore ses devoirs d'épouse ? On ne pouvait guère espérer d'elle un repentir sincère. Mais elle n'était point

réduite pour cela à un célibat absolu; incapable de porter le titre d'*uxor* elle avait la faculté de chercher dans le concubinat l'oubli de son indignité.

Concurremment à la répression pénale, l'adultère de la femme engendrait au profit du mari une action *de moribus* qui lui faisait obtenir le sixième de la dot. Comment concilier cette règle de droit civil avec cette disposition criminelle prononçant la confiscation de la moitié de cette même dot? Le cumul des actions était-il admis? Après avoir accusé au criminel, pourra-t-il encore agir *de moribus* ou inversement? Dans les actions purement pécuniaires visant à la réparation du dommage causé au patrimoine d'autrui, les deux moyens étaient à la disposition de la victime. Au contraire, quand les actions se justifiaient non par un dommage causé à la fortune mais par une atteinte à la personne même, les choses changeaient. Dès qu'il avait choisi entre le civil et le criminel, le plaignant devait persévérer dans l'instance commencée; *una electa via non datur recursus ad alteram*. Rien de plus logique, les deux voies aboutissaient au même but : l'accusation publique et les actions *vindictam spirantes* voulaient le châtiment du coupable.

La femme a-t-elle été condamnée du chef d'un tiers à la confiscation de moitié de la dot, le mari pourra dans ce cas encore recourir à l'action *de moribus* et faire prononcer la retenue du sixième de cette dot. Ce prélèvement il l'opérera sur la dot entière, attendu que le fisc passe après lui.

48. Ayant ainsi envisagé les grandes lignes de la loi Julia, quelle appréciation en donner? Sans la juger par ses résultats qui furent nuls ou à peu près, nous dirons d'elle que, simple loi de circonstance, elle voulut à tort transformer radicalement un état de choses passé dans les mœurs. Elle eut le grave défaut, venant trop tard, d'essayer d'arrêter les progrès d'un mal qu'il eût fallu prévenir. Procédant d'un esprit hardiment novateur, elle s'appliqua à résoudre une infinité de petits détails au lieu de statuer par voie de dispositions générales

et de laisser ainsi aux tribunaux le soin de l'interpréter aussi largement que le comportait la situation. A glaner dans le champ illimité des hypothèses, la loi s'exposait à être forcément incomplète. Elle n'échappa point au danger d'une telle méthode : ne se fût-elle pas brisée contre la résistance des mœurs qu'elle se fut condamnée d'elle-même à l'inefficacité. En effet, dans son entraînement exagéré à pourchasser l'idée même de l'adultère, à sanctionner l'inobservation des devoirs moraux de la famille, elle perdit de vue son point de départ. A l'époque où l'adultère était devenu presque de mode au point que la plupart des maris en prenaient leur parti, les tiers n'avaient le droit de dénoncer et de poursuivre ce délit contre la volonté de l'époux qu'autant qu'il faisait notoirement trafic de l'inconduite de sa femme. Il en résultait que les attentats à l'infidélité matrimoniale demeuraient presque toujours impunis. La *lex Julia* s'efforçait d'assurer par tous moyens la défense de la pudeur : elle n'arriva qu'à légaliser l'adultère et la prostitution :

Aut minus, aut certe non plus tricesima lux est,
Et nubit decimo jam thelesina viro ;
Quæ nubit toties, non nubit : « adultera lege est » (1).

Néanmoins, l'œuvre d'Auguste ne mérite pas tous les reproches que lui ont prodigués nombre de critiques. Montesquieu notamment se montre bien injuste à son égard quand il dit que les empereurs n'eurent pas l'intention de corriger les mœurs en général : « Auguste et Tibère, écrit-il, songèrent principalement à punir les débauches de leurs parentes ; ils ne punissaient point les déréglements des mœurs, mais un certain crime d'impiété ou de lèse-majesté qu'ils avaient inventé....(2) »

C'est là une singulière méprise que nous avons déjà réfutée

(1) Martial, *Épigrammes*, Liv, VI.
(2) *Esprit des lois*, Liv. 7, Ch. 13.

précédemment en montrant qu'Auguste frappait de mort les membres de sa famille et les complices de leurs désordres. A vrai dire, cette loi nous apparait comme une construction savamment élevée, mais trop fragile pour endiguer le torrent d'immoralité déchaîné sur Rome.

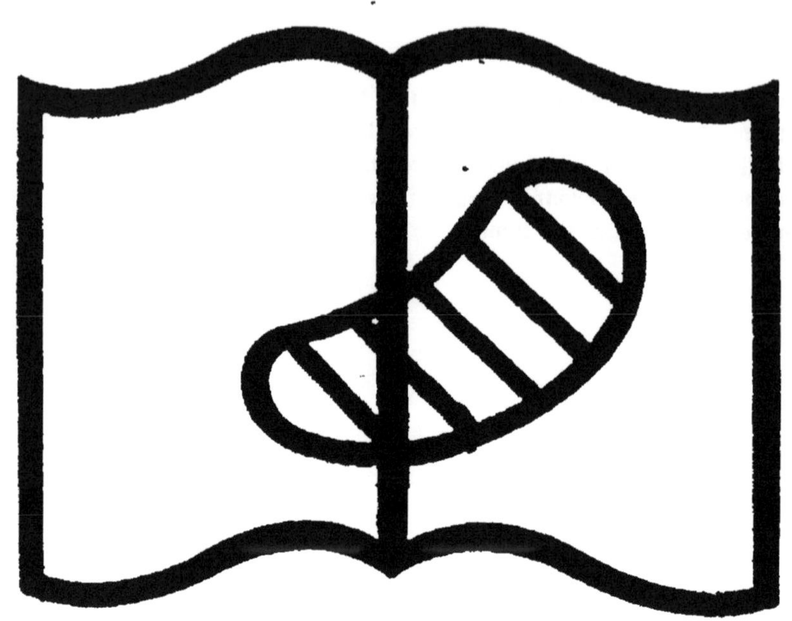

Illisibilité partielle

VALABLE POUR TOUT OU PARTIE DU DOCUMENT REPRODUIT

CHAPITRE III

Innovations des successeurs d'Auguste.

49. On ne fut pas longtemps à s'apercevoir de l'impuissance des mesures prises. D'un bout à l'autre de l'échelle sociale, le relâchement moral ne fit que s'accentuer, et bientôt la loi Julia, dont le fonctionnement dépendait de la bonne volonté des citoyens, resta inappliquée. Les Romains, désignés à tour de rôle pour siéger à la *quæstio*, se fatiguèrent vite de cette corvée qui les forçait à négliger leurs affaires, et les *quæstiones* furent supplantées par le *præfectus urbis*, le président de la province, le Sénat, en un mot par les *cognitiones extraordinariæ*. Aussi Juvénal pouvait-il s'écrier : « *Ubi nunc, lex Julia dormis ?* Il y eut bien quelques efforts tentés par les Empereurs qui suivirent pour remettre en activité ses nombreux rouages ; mais c'est en vain que les rescrits et les *senatus-consultes* essayèrent de la renforcer. Cela explique les sévérités d'un autre âge prononcées contre l'adultère par les législations du Bas-Empire. Les abus n'avaient pas tardé à se révéler criants et multiples ; plus d'une fois les poursuites frappèrent des innocents que le premier venu avait dénoncés, sans attendre la plainte des maris intéressés. Sous Tibère, principalement, le mal arriva à son paroxysme. Comme la loi ne s'inquiétait pas des femmes qui avaient déjà souillé leur pudeur dans les pratiques d'un commerce honteux, on vit les matrones de qualité se faire inscrire sur les registres

des prostituées afin de pouvoir se livrer impunément à la plus horrible dépravation. La répression était évitée ; qu'importait la honte du déshonnneur publiquement affiché ! Cette lacune fit l'objet d'un *senatus-consulte* additionnel interdisant le métier de courtisane à celles qui auraient un aïeul, un père ou ur mari chevalier romain, « *more inter veteres recepto, qui satis pœnarum adversus impudicas in ipsa professione flagitii credebant* » (1).

Ces règlements rigoureux étaient exposés à rester dans l'ombre par suite de l'indifférence des accusateurs dont le zèle refroidi n'alimentait plus les tribunaux. De ce moment date le rétablissement de la juridiction domestique, à qui Tibère rendit sa compétence des anciens jours pour le cas seulement où aucune accusation publique aurait attrait les femmes coupables devant la justice ; *Matronas prostratæ pudicitiæ, quibus accusator publicus deesset, ut propinqui, more majorum, de communi sententia coercerent, auctor fuit* (2).

Les femmes adultères, qui étaient légion, durent revêtir une toge virile dont la couleur et la forme apprenaient à tous le délit pour lequel elles avaient été condamnées ; c'était une livrée ignominieuse qui se distinguait de la stola [illegible] traînante, emblème de chasteté, que les femmes honnêtes avaient seules le droit de porter. Martial fait quelque part allusion à ce costume des *togatæ :*

> *Thelin viderat in toga spadonem,*
> *Damnatam Numa dixit esse moecham* (3).

De plus, elles ne pouvaient sortir en litière ni rien recevoir par donation. Toutes ces aggravations par lesquelles l'empereur Domitien surenchérit sur les lois répressives déjà en vigueur furent inutiles : les désordres continuèrent comme par le passé.

(1) Tacite, *Annales*, Liv. II, LXXXV.
(2) Suétone, *Tibère*, 35.
(3) Martial, *De spadone*, X, 52.

50. L'arrivée de Constantin au pouvoir marqua le retour vers une conception religieuse de l'adultère. Chef d'une religion nouvelle qui se proposait la reconstitution de la famille, la violation des lois du mariage était à ses yeux, en même temps qu'un crime contre la société, un sacrilège indigne de toute indulgence. Dans l'emportement d'un prosélytisme outré, il en arriva à refuser aux personnes coupables d'adultère les circonstances atténuantes dont il faisait bénéficier les parricides et les empoisonneurs. La mort fut la seule peine que les magistrats durent appliquer sans distinction de sexe, « *sacrilegos nuptiorum gladio puniri oportet* » (L. 30. C. § 1. Liv. IX, titre 9), mais il se garda de conserver le principe de l'accusation populaire; s'il oublia la limite où la sévérité dégénère en injustice, il eut soin de sauvegarder les intérêts des coupables en rendant à l'adultère, redevenu *crimen privatum*, son caractère intime d'autrefois. Désormais, les proches seuls qui, par leur parenté, présentent toutes garanties d'impartialité, furent juges de leur propre cause : l'exercice de l'action fut restreint *proximis necessariisque personis*, c'est-à-dire au père, au frère et à l'oncle. De son côté, le mari reprit le rôle de justicier que lui avait enlevé Auguste : *In primis maritum genialis tori vindicem esse oportet*. On était certain qu'il n'agirait point à la légère quand son honneur serait en jeu. Bref, ces innovations équivalaient à l'abrogation d'une loi mort-née, comme l'était la loi Julia. Peut-être le christianisme se montra-t-il cruel dans les moyens employés pour arriver à la réalisation de son programme; toutefois, il eut l'heureux effet de revivifier la psychologie si profonde des traditions anciennes.

Au ve siècle, l'indissolubilité du mariage fut proclamée, mais le *repudium* subsista toujours au profit du mari qui gardait la dot entière en cas de condamnation de la femme. En revanche, celle-ci pouvait divorcer en cas d'adultère de son mari et réclamer sa dot par l'action en revendication. L'*actio de moribus* et la *retentio propter mores* devenaient inutiles. Si c'était le mari qui obtenait le divorce, il gardait ce qu'il avait entre les mains. La femme avait à son service les actions ordinaires. Aussi en 528 disparait l'action *de moribus* ; en 530, les *retentiores* sont supprimées.

51. Moins intolérant que les premiers sectateurs de la religion chrétienne, Justinien se départit de leur sévérité excessive. Grâce à l'ascendant qu'exerça sur lui l'impératrice Théodora, le sort de la femme coupable s'adoucit. Désormais, le mari ne sera plus obligé de répudier sa femme avant de l'accuser ; il ne pourra au contraire divorcer que si elle a d'abord été condamnée. Dans le cas ou l'accusation aurait été reconnue fausse, la femme pourra demander le divorce, reprendre sa dot et gagner la donation *ante nuptias :* même il lui sera loisible, si le mari n'a pas d'enfants, de prélever sur ses biens une part égale au tiers de la donation *propter nuptias.* En outre, le mari calomniateur encourra le châtiment qu'aurait subi sa femme convaincue d'adultère. A partir du règne de l'*uxorius imperator*, la femme coupable sera battue de verges et renfermée dans un monastère d[illegible]ans durant : « *sed hodie adultera verberata in monasterium mittatur quam intra biennium viro recipere licet.* » (Novelle 134, Chapitre 10, Code IX, 9.) Ce délai expiré, le mari pourra la reprendre s'il lui pardonne, mais s'il reste implacable ou s'il meurt au cours de ces deux années, la femme aura les cheveux rasés et revêtira l'habit monastique du cloître pour toute la vie : « *biennio transacto vel viro prius quam reduceret eam mortuo. Adultera tonsa monastico habitu suscepto ibi dum vivit, permaneat.* » De ses biens, la loi fait plusieurs parts : en dehors de la *donatio propter nuptias* qui est acquise au mari, les descendants en prennent les deux tiers, l'établissement religieux l'autre tiers. N'a-t-elle que des ascendants ? ils héritent d'un tiers et le surplus revient au monastère. Si elle n'a pas de parents, toute sa fortune est pour le cloître.

La peine de mort ne frappe plus que le complice pris en flagrant délit. Ses biens sont confisqués, à moins qu'il n'ait des ascendants ou des descendants jusqu'au troisième degré. S'il est marié, sa femme reprend sa dot et la donation *propter nuptias.*

Sous cette législation, le mari peut se débarrasser sans crainte de l'homme qu'il soupçonne d'avoir des relations avec sa femme, quand après lui avoir adressé par écrit trois sommations en présence de trois témoins dignes de foi, il le surprend « *convenientem uxori suæ in domo sua, vel uxoris, vel adulteri, vel in popinis, ant in suburbanis.* » (Novelle 117, Chapitre 15.) Au cas où il découvre les coupables dans un lieu saint, il doit les livrer au magistrat qui statuera sur leur sort.

Il est défendu au complice d'épouser la femme adultère; les parents de la femme qui auraient donné leur consentement à ce mariage seraient déportés. La femme ne peut rien recevoir par donation ou testament de son complice, dont le patrimoine passe aux père et mère de la femme qui se seraient opposés au mariage.

Si le mari entretient une concubine au domicile conjugal et qu'il ait reçu trois avertissements de ses parents ou de ceux de sa femme, celle-ci peut divorcer; elle prend alors la *donatio propter nuptias*, et sur les biens de l'époux infidèle, une valeur égale à cette donation.

Ainsi qu'on peut en juger par cette étude, nous en sommes revenus dans le dernier état du droit romain aux doctrines primitives. C'est d'elles que s'inspirera le législateur français lors de l'élaboration des articles du Code pénal qui traitent de l'adultère.

DROIT FRANÇAIS

LES DÉLITS CONTRE L'ENFANCE

INTRODUCTION

Maxima debetur puero reverentia.

A son entrée dans le monde, l'enfant faible, désarmé, incapable de penser et d'agir, n'ayant qu'un obscur instinct de conservation, a besoin d'une protection toute particulière. Pendant de longues années, il reste débile de corps et d'esprit, et si l'on ne prend soin de lui, il est condamné à la mort. De la sollicitude dont il sera l'objet dépendent donc sa vie, sa santé physique et son avenir moral. La culture intellectuelle lui est aussi indispensable que la nourriture du corps. Soumis fatalement à l'influence de ceux qui l'élèvent, il garde indifféremment l'empreinte des bons comme des pires exemples, et selon que ses éducateurs ont été bons ou mauvais, il se trouve voué à l'existence honnête ou à la vie criminelle. Un défenseur, un soutien lui est indispensable. Mais à qui confier la défense de ce faible? Quelle prévoyance toujours en éveil pourra déjouer les mille dangers et les entreprises coupables qui menacent l'enfant avec une audace d'autant plus grande qu'elle est sûre de rencontrer une moindre résistance chez la victime? Seul un pouvoir impersonnel, universel, exercé au nom des membres d'une Société, est capable d'assumer les charges considérables de cette tutelle. En même temps qu'il veille à ce qu'aucun obstacle ne vienne entraver l'œuvre d'éducation imposée à la famille, il la contrôle, s'assure que l'intérêt exclusif de l'enfant la guide, que sa santé, sa sécurité, sa moralité sont suffisamment garanties. C'est que l'avenir de tout un peuple est en jeu: l'ordre public serait compromis, les forces vives de la nation menacées, si un instant la vigilance du protecteur se laissait mettre en défaut! Jamais l'enfance ne doit être malheureuse ni coupable: il faut à la fois lui épargner la douleur matérielle et la gangrène de l'âme, les attentats et les enseignements criminels. Terrible serait la responsabilité de la société le jour où l'un de ses membres se révoltant contre elle lui dirait : si je suis un malfaiteur, c'est que vous ne m'avez pas protégé, c'est que vous n'avez ni connu, ni détruit l'école du mal à laquelle j'ai été formé : à vous la faute !

Fondée, comme on le voit, sur des raisons d'utilité supérieures, la protection due à l'enfant doit être proportionnée aux degrés successifs de faiblesse décroissante par lesquels il passe. C'est dire que le législateur ne se bornera pas à veiller sur l'enfant qui ne s'exprime que par de plaintifs vagissements. Dans notre travail, le mot « enfant » a une signification bien plus large; il s'applique également à l'être qui sort du sein de sa mère et à celui dont la constitution physique et les facultés n'ont pas encore atteint leur plein développement. Sous cette dénomination se rangent le nouveau-né dès l'heure où, la vie intra-utérine cessant, il acquiert une personnalité propre et aussi le mineur juridiquement incapable. Tant que celui qui deviendra homme n'est point parvenu à l'époque de majorité, il est enfant. La protection de la loi ne sera intelligente qu'à la condition de diminuer peu à peu d'intensité, en tenant compte des progrès de la croissance et du discernement pour se confondre finalement avec le droit commun. Tous les Etats l'ont si bien compris que leurs législations consacrent la plus étroite corrélation entre les dispositions civiles et les prescriptions pénales. Aux incapacités qui empêchent un jeune homme de faire tous les actes susceptibles d'engager témérairement son patrimoine et de disposer de sa personne correspond une présomption d'incapacité physique qu'appelle une réglementation spéciale. En un mot, l'enfant tel que nous le concevons, c'est le mineur de vingt-un ans ; enfance et minorité ont ici une synonymie parfaite.

Le Code pénal français a deux façons de protéger l'enfant : tantôt il aggrave la peine des infractions qu'il réprime, quelle que soit la victime, comme dans l'homicide volontaire, le viol, l'attentat à la pudeur avec violence ; le plus souvent il incrimine des faits qui, commis sur des majeurs, ne seraient pas punis. Ainsi, l'emploi d'enfants dans les professions ambulantes, le travail excessif exigé d'eux dans l'industrie, les contraventions à la loi Roussel, l'excitation à la débauche, l'enlèvement de mineurs sont autant de délits spéciaux contre l'enfant. Le groupement que nous nous proposons de faire montrera les diverses phases de ce système protecteur échelonnées et diminuant de force à mesure que le mineur approche de sa majorité. Elles peuvent se répartir en trois zones bien tranchées ; accumulées pendant les sept premières années, elles sont moins nombreuses jusque l'âge de seize ans et quelques-unes seulement durent jusque vingt-un ans. Nous laisserons de côté les cas où le législateur n'a pas cru devoir organiser de garanties extraordinaires à raison de l'âge de la victime.

Nos explications tiendront donc toutes sous les rubriques suivantes :

I. *Délits contre la personne de l'enfant*	Avortement. Infanticide. Suppression d'enfant. Infraction à la loi Roussel. Abandon d'enfant. Emploi d'enfants dans les professions ambulantes. Travail des enfants dans les manufactures.

II. *Délits contre l'état civil.*	Suppression d'état. Défaut de représentation de l'enfant. Omission de déclaration de naissance.
III. *Délits contre les mœurs.*	Viol. Attentat à la pudeur avec violence. Attentat à la pudeur sans violence. Excitation de mineurs à la débauche. Enlèvement de mineurs.
IV. *Délits contre l'éducation.*	Inexécution de l'obligation scolaire. Excitation à la mendicité. Enfants maltraités et moralement abandonnés.

CHAPITRE PREMIER

Délits contre la personne de l'enfant.

SECTION I

L'AVORTEMENT

Le fruit de la grossesse ne devient réellement un être humain qu'au jour de la naissance ; jusque-là, il n'a pas d'existence propre. Cependant, la loi l'assimilant à une personne déjà née, lui reconnait la capacité de succéder alors qu'il est simplement conçu (art. 725, Code civil) et le protège pendant la vie intra-utérine en vertu du vieil adage « *Infans conceptus pro nato habetur quoties de commodis ejus agitur* ». D'autre part, l'avortement, inspiré par les mêmes motifs que l'infanticide, arrive aux mêmes résultats : de ces deux attentats, l'un prévient l'existence de l'enfant encore dans le sein de sa mère, l'autre l'anéantit. Si par hasard toutes les tentatives faites pour amener l'avortement ont échoué, l'infanticide aura raison du petit être arrivé à terme. Et puis, les ravages terribles qu'exercent les manœuvres abortives pratiquées avec une discrétion qui en assure la plupart du temps l'impunité en font un agent extrêmement actif de dépopulation. Pour ces raisons, nous ferons rentrer l'avortement dans le cadre de notre sujet, et son étude servira d'introduction naturelle à celle de l'ensemble des garanties édictées en faveur de l'enfance.

Définition.

L'avortement est l'expulsion prématurée du fœtus obtenue à l'aide de moyens artificiels ou violents, indépendamment des circonstances d'âge et de formation. La criminalité de l'acte n'apparait que si son auteur l'a commis avec l'intention spéciale de faire avorter la femme : la volonté mauvaise est un élément essentiel du fait répréhensible. Il est évident que le Code ne punit pas l'avortement chirurgical, mais l'avortement secret et coupable dans la pensée de celui qui l'exécute.

Comment s'acquiert la preuve du crime ?

Il s'est élevé d'assez graves difficultés au point de vue de la preuve de l'avortement. Doit-on établir scientifiquement les traces d'opérations abortives sur la mère et sur le corps du délit ? La répression ne peut-elle intervenir qu'au cas de découverte du fœtus ? Presque tous les médecins légistes qui ont laissé un nom dans la science, Orfila, Ollivier d'Angers, Devergie ont soutenu qu'il n'y avait pas de poursuites possibles si le fœtus n'était pas retrouvé. Cette doctrine a été vigoureûsement réfutée par Tardieu, dont l'opinion a été acceptée par la jurisprudence. C'est que le mystère qui entoure les pratiques abortives, le silence intéressé qu'observent les acteurs de ce crime, les précautions avec lesquelles ils font disparaître le produit de la conception, réduiraient le plus souvent la justice à l'impuissance. Nous ne pouvons donc accepter la doctrine des savants que nous avons cités en premier lieu : leurs scrupules exagérés ne serviraient que la cause des criminels.

Ainsi, conformément au principe général admis en matière de preuves pénales, l'accusation d'avortement se justifiera par les aveux des coupables que viendront corroborer des présomptions graves, précises et concordantes, à défaut d'indices matériels qui la plupart du temps échapperont aux plus minutieuses investigations. D'ailleurs la saisie de potions suspectes, d'instruments capables de donner la mort au fœtus, de correspondances relatant les circonstances du crime, apportera une force nouvelle à la poursuite, mais elle aura lieu rarement. Il fallait bien adopter les règles ordinaires, au risque de compromettre la liberté de la défense de l'accusé, si l'on voulait donner une sanction pratique à l'artice 317.

Cas prévus par l'article 317.

Cet article distingue trois hypothèses: dans la première, il s'agit des tiers qui ont procuré l'avortement d'une femme enceinte; la seconde s'occupe de la femme qui s'est fait avorter elle-même; la troisième parle des hommes de l'art, médecins, chirurgiens, officiers de santé, pharmaciens, qui en ont indiqué ou administré les moyens. La simple lecture de l'article 317 prouve que le législateur s'est placé en présence du crime commis, de l'avortement consommé. Les expressions qu'il emploie : « procuré », « si l'avortement s'en est suivi », « dans le cas où l'avortement aurait eu lieu », ne permettent pas de douter.

La tentative est-elle punissable?

Une controverse est cependant née de là : on s'est demandé si la tentative d'avortement était punissable. Presque tous les auteurs, en présence des termes énergiques de l'article, ont soutenu la négative. Pour établir que les rédacteurs du Code avaient entendu laisser à l'abri de la répression l'avortement tenté, ils invoquent principalement la discussion préparatoire à laquelle se livra le Conseil d'état dans sa séance du 26 août 1809. Malgré l'opposition de Merlin et du comte Regnaud de Saint-Jean d'Angely, l'article actuel fut adopté sur ces paroles de

Berlier : « C'est bien assez qu'on poursuive les auteurs d'un avortement consommé, et la nature des choses prescrit de s'en tenir là. » Cependant, la Commission du Corps législatif avait proposé de punir la tentative : « il paraît à la Commission, dit-elle, que lors même que les moyens coupables n'ont pas réussi, ceux qui en font usage doivent être punis ». Le Conseil d'état persévérant dans son opinion première, repoussa le 18 janvier 1810 cet amendement qui portait un emprisonnement de six mois à deux ans contre les coupables de manœuvres abortives restées sans résultat. Enfin Monseignat, dans son rapport, résumait nettement l'avis de la majorité en disant : « Il est un attentat des plus graves et pour lequel les rédacteurs de la loi *n'ont pas cru devoir punir la seule tentative de le commettre :* c'est l'avortement volontaire. Ce crime porte souvent sur des craintes, et quand il n'est pas consommé, outre que la société n'éprouve aucun tort, c'est qu'il est fort difficile de constater légalement une intention presque toujours incertaine, une tentative trop souvent équivoque, surtout dans la supposition de l'impuissance de sa cause et de la nullité de ses résultats (1). » Les travaux préparatoires mettent donc en évidence les intentions du législateur.

Mais une jurisprudence constante de la Cour suprême assimile la tentative d'avortement commise par toute autre personne que la femme enceinte au crime même (2). Sa doctrine peut s'analyser ainsi : la tentative d'avortement est toujours punissable sauf le cas où, commise par la femme sur elle-même, elle a échoué. Les gens de l'art qui ont coopéré à l'avortement sont passibles d'une aggravation de peine lorsque l'avortement a eu lieu ; s'il ne s'est pas produit, ils rentrent dans l'hypothèse de l'alinéa 1er et encourent la réclusion, même pour la tentative. Voici son raisonnement : L'opinion contraire viole formellement une disposition générale posée en vedette au seuil du Code

(1) Locré, tome 30, page 303.

(2) Cassation, 21 juin 1858. D. P. 1858. 1. 128. — Cassation, 1881, 22 septembre. *Journal Palais* 1883, tome 94, page 789.

pénal et dont les applications rayonnent sur l'ensemble des matières criminelles. Que dit, en effet, l'article 2 : « *Toute tentative de crime est considérée comme le crime même.* » Peut-on apporter à des termes aussi absolus des dérogations qui n'ont pas été expressément formulées? Où lit-on que la tentative d'avortement n'entrainera pas la peine du crime? Parce que la loi, dans les trois cas qu'elle a prévus sous l'article 317, suppose le crime accompli, il ne s'ensuit pas qu'elle exclut la tentative. Elle a procédé pour l'avortement comme pour les autres infractions. Les articles consacrés à l'assassinat, à l'infanticide, au parricide, au viol, à l'incendie sont muets sur la tentative, et cependant l'on n'a jamais soutenu qu'elle restait impunie dans tous ces cas.

Avec les auteurs nous croyons que la rédaction de l'article 317 consacre une exception au principe de l'article 2 en faveur de tout individu qui a participé à une tentative d'avortement. Voyons d'abord l'argument de texte : Les expressions «quiconque aura procuré l'avortement » (317 § 1) témoignent assez qu'elles s'appliquent seulement au crime consommé. Si la moindre incertitude existait sur ce point, elle serait dissipée par le § 2 qui n'incrimine pas la tentative commise par la femme sur sa propre personne. Cette disposition vise en premier lieu *le cas où la femme se sera procuré l'avortement à elle-même* : ces termes sont reproduits de l'alinéa premier, et suivant l'interprétation qu'ils recevront, la solution sera la même pour la femme enceinte et pour les tiers. Elle prévoit ensuite l'hypothèse où la femme « aura consenti à faire usage des moyens à elle indiqués ou administrés à cet effet » en la soulignant de ces mots « *si l'avortement s'en est suivi* ». De là ce dilemme, ou bien la tentative n'est jamais punissable, ou bien elle est punie chez la femme qui s'est procuré l'avortement à elle-même, et elle ne l'est plus quand elle a consenti à se servir des moyens abortifs à elle indiqués : ce qui est contradictoire ! L'alinéa 3 exclut lui aussi l'application du droit commun de la tentative en employant cette formule : « *dans le cas où l'avortement aurait eu lieu.* »

La doctrine de la Cour de cassation se réfute mieux encore par les conséquences auxquelles elle arrive. Ceux qui coopèrent à l'avortement d'une femme ne font la plupart du temps que des actes de complicité. Or, s'il n'est pas nécessaire que l'auteur principal soit puni pour que son complice encoure une peine (380 C. P.), il faut au moins qu'il y ait un fait punissable. Le complice d'un fait non réputé crime ou délit par la loi pénale n'est pas punissable. Puisque la tentative d'avortement n'est pas punissable à l'égard de la femme, les complices échappent à toute répression. Et cependant, les Cours d'assises les condamnent !

Le médecin qui indique à la femme enceinte le moyen de se délivrer, le pharmacien qui lui prépare un breuvage abortif sont punis de la réclusion si l'avortement n'est pas consommé, d'après la jurisprudence. Mais ils ne sont que complices, aux termes de l'art. 60 : ils ont avec connaissance aidé ou assisté l'auteur de l'action dans les faits qui l'ont préparée ou facilitée. Le seul auteur principal, c'est la femme qui a absorbé ce breuvage, qui a mis en pratique les conseils criminels, et elle n'est pas punissable ! Donc, en cas de simple tentative de la femme, aucune poursuite ne devrait être exercée contre ses complices. En les punissant, la Cour suprême va à l'encontre de la volonté du législateur et met en échec les principes les plus absolus de la complicité.

Logiquement et légalement l'art. 317 devrait se lire ainsi : Le paragraphe 1er punit de la réclusion toute personne autre que la femme ou qu'un homme de l'art. Le second frappe de la même peine la femme qui est parvenue à se faire avorter ; le troisième s'occupe des médecins, chirurgiens et autres officiers de santé qui, plus coupables à raison de leurs connaissances spéciales dont ils font un si triste usage, sont punis des travaux forcés à temps. Ces trois dispositions subordonnent la peine à la consommation de l'avortement. « Tout cela, dit M. Villey, se suit et s'enchaîne, tout cela est logique », tandis que, dans le système de la Cour de cassation, il est impossible d'expliquer rationnellement ces textes.

Relevons une dernière contradiction de la jurisprudence. D'après elle, les rédacteurs du Code ont d'abord prononcé dans le paragraphe 1er la peine de la réclusion contre toute personne coupable du crime d'avortement, puis, dans l'alinéa 3, prévoyant à nouveau le même crime commis par les hommes de l'art, ils le punissent des travaux forcés à temps. Mais cette aggravation de peine ne s'applique pas à la tentative. Puisque la tentative est punie comme le crime même, on ne comprend pas qu'en cette matière elle entraîne la réclusion au lieu des travaux forcés.

Ainsi la Cour suprême qui ne veut pas admettre qu'une dérogation aux règles de la tentative existe dans l'article 317, est amenée à en introduire une qui, celle-là, n'a pour elle ni les travaux parlementaires, ni les textes, ni les principes généraux du droit pénal.

L'aggravation de peine du paragraphe 3 s'applique-t-elle aux sages-femmes ?

L'énumération limitative des personnes soumises, à raison de leur qualité, à l'aggravation de peine de l'alinéa 3 comprend-elle la sage-femme [1] ? La jurisprudence n'a jamais hésité à lui étendre cette disposition par ce motif que les mots, « et autres officiers de santé », ne peuvent exclure une catégorie de personnes dont le métier consiste uniquement dans la pratique des accouchements. C'eût été laisser subsister le danger que de ne pas appliquer les travaux forcés à temps précisément aux plus experts des praticiens, à ceux dont les études se sont spécialisées sur tout ce qui concerne la grossesse de la femme et ses accidents. Nous ne saurions, malgré ces raisons, admettre cette extension analogique de dispositions pénales. Sans doute le silence de la loi est inexplicable, mais nous sommes réduits à le regretter sans pouvoir y remédier. Peut-être n'y a-t-il là qu'un

(1) Cassation, 23 novembre 1872. D. 1872. 1.431.

oubli involontaire; cependant, la preuve que les sages-femmes restent passibles de la réclusion résulte de l'article 378 C. P., qui, reproduisant littéralement la rédaction de l'article 317, désigne nominativement parmi les personnes punies: « les médecins-chirurgiens et *autres* officiers de santé, ainsi que les pharmaciens, les *sages-femmes...* » D'ailleurs, la loi du 19 ventôse an II sur l'étude de la médecine range ces dernières dans une classe à part, à la suite des médecins et des officiers de santé. On peut donc dire que les cours qui les assimilent aux gens de l'art obéissent à une nécessité pratique plutôt qu'à une interprétation rigoureuse des textes.

De la complicité en matière d'avortement.

Qu'arrive-t-il quand dans une affaire d'avortement suivie contre une personne qui l'a consenti sur elle-même et contre un médecin il y a des complices? Faut-il examiner si la complicité s'est appliquée aux faits reprochés à l'homme de l'art ou à ceux imputés à la femme qui s'est fait avorter? Dans le premier cas, ils encourront les travaux forcés à temps; dans le second, la réclusion. S'ils connaissaient la qualité de l'agent principal dont ils ont provoqué ou encouragé l'acte criminel, ils partageront son sort. Mais s'ils ont ignoré son titre, s'ils se sont associés à la culpabilité d'un auteur que n'atteignait pas l'aggravation de l'alinéa 3, il faudra n'envisager les faits de complicité que dans les relations avec cette personne. Ici, par dérogation à l'article 59 C. P., les coauteurs et les complices d'un avortement seront passibles de peines différentes.

Critiques de l'article 317.

Les dispositions pénales qui sont le siège de la matière renferment de graves défectuosités que les revisions de 1832 et de 1863 auraient dû faire disparaître. Ainsi la peine reste la même, que la femme se soit prêtée à l'avortement pratiqué sur elle ou qu'elle s'y soit opposée. Ce sont pourtant deux hypothèses entre lesquelles il convient de faire une distinction. On ne peut admettre que la culpabilité ne varie pas suivant que le crime a été commis avec la coopération de la femme ou malgré son consentement. Dans ce dernier cas, il y a une double violence exercée contre la mère et contre l'enfant.

Les Codes des Etats voisins contiennent tous des réformes sur ce point. D'après la loi hollandaise, celui qui fait avorter une femme de son consentement est puni de quatre ans et demi de prison, et s'il agit à son insu, de douze ans. En Belgique, le coupable est puni de réclusion lorsque l'avortement provoqué avec le consentement de la femme a déterminé la mort ; la peine consiste en un emprisonnement de deux à cinq ans et en une amende de 100 à 500 francs si l'avortement n'a pas eu de suites funestes. La législation allemande prononce la réclusion pendant cinq ans contre celui qui a administré à la femme, avec sa volonté, des breuvages abortifs; si l'avortement a été procuré à l'insu de la victime, la peine est de deux ans de réclusion au moins.

Il arrive fréquemment que les pratiques criminelles exercées sur la femme enceinte déterminent en même temps que l'avortement des troubles de l'organisme et même la mort. Alors ce fait contient deux chefs de poursuite : l'avortement et l'homicide. Il appartient au ministère public de qualifier arbitrairement cette seconde infraction homicide par imprudence (art. 320 C. P.), violences ayant entraîné la mort sans intention de la donner (art. 309 C. P.) ou administration de substances nuisibles à la santé. A notre avis, la maladie ou la mort de la femme causée par l'avortement constitue une aggravation de ce crime que devrait frapper une peine spéciale, comme cela existe dans les législations étrangères. Aux termes de la loi hongroise, l'avortement suivi du décès de la femme entraîne une peine de dix à quinze ans de maison de force. De même, le Code pénal belge, s'occupant du cas où la mort est résultée des manœuvres criminelles, prononce la réclusion si la femme s'est prêtée à l'avortement, les travaux forcés si elle ignorait les pratiques dont elle était l'objet.

Moyens de remédier à l'augmentation continue des avortements.

Grâce aux difficultés de la poursuite et de la preuve, le plus grand nombre des crimes d'avortement échappent aux recherches de la justice. Ajoutons à cela que le jury examine avec une indulgence excessive les rares affaires de ce genre dont il est saisi. Les verdicts d'acquittement se sont élevés ces dernières années de 40 0/0 à 61 0/0 ! Aussi, la certitude de n'être pas découvertes a poussé nombre de personnes à utiliser ce crime comme moyen d'existence, et de nos jours, les entreprises d'avortement à forfait se multiplient et prospèrent dans les centres populeux. Les malheureuses qui veulent anéantir le fruit d'une faute ou qui craignent de voir s'augmenter leur misère par la naissance d'un nouvel enfant forment la clientèle de cette coupable industrie. Dernièrement encore on arrêtait à Paris, sous l'inculpation d'avortements, une femme connue sous le sobriquet singulièrement expressif de *la Mort-aux-Gosses*. De son propre aveu, quantité de filles et de femmes avaient eu recours à son habileté scandaleuse. Après cela, il est aisé de comprendre que les rapports officiels publiés chaque année sur le mouvement de la criminalité ne donnent pas le nombre réel des avortements commis en France. On ne peut compter les crimes par le chiffre des poursuites. En 1887, les Cours d'assises ont statué sur vingt-six affaires dans lesquelles étaient impliqués cinquante-quatre accusés dont trente-trois ont été déclarés non coupables.

Les moyens d'arrêter l'accroissement constant de ces crimes ont été indiqués par Tardieu. On n'arrivera à de bons résultats que « par l'établissement d'une surveillance aussi ferme que vigilante sur les maisons privées d'accouchement et par un redoublement de vigueur dans l'application des lois et règlements destinés à assurer la constatation des naissances et à prévenir les inhumations clandestines ou les suppressions de part (1). » Peut-être, si la répression était rendue plus expéditive et la peine abaissée de façon à donner la connaissance des affaires d'avortement aux tribunaux correctionnels, arriverait-on à décourager une profession qui compromet la natalité du pays (2). Ce changement de compétence répondrait d'ailleurs au vœu de l'opinion publique, car sur les vingt et un individus condamnés en 1887 pour avortement, dix-neuf ont été punis d'emprisonnement ; la réclusion n'a été appliquée qu'à deux sages-femmes.

Des données très exactes justifient les appréhensions du corps médical. Le mouvement ascensionnel de la population se ralentit de plus en plus et menace de disparaître dans quelques années. Aujourd'hui, la France ne représente plus que le 1/10 de la population européenne, et, si cela continue, dans cinquante ans elle n'en formera plus que le 1/15 et elle sera devenue un petit Etat (3). Ces prévisions désolantes sont bien faites pour provoquer l'amélioration de notre système pénal. La question légale se complique de considérations supérieures dont un patriotisme éclairé commande de tenir compte.

(1) Tardieu : *Étude médico-légale sur l'avortement.*

(2) Peret, *Réforme du Code pénal.*

(3) *Étude sur le mouvement de la population en France,* par le Dr Coumailleau.

SECTION II

L'INFANTICIDE

L'infanticide est un meurtre puni avec une sévérité spéciale.

L'infanticide constitue un danger contre lequel la société doit prémunir l'enfant tout particulièrement. La raison se refuse à croire qu'un pareil crime soit possible, mais il n'en est malheureusement que trop d'exemples. Pour celle qui le commet, l'enfant qui va venir, c'est la honte ; son premier tressaillement est le commencement d'un supplice. Mais si nous avons pour les mères plus de pitié que de courroux, nous voulons sauver les enfants. Aussi croyons-nous que le Conseil d'Etat, chargé d'élaborer les articles relatifs à l'infanticide, s'est trompé en punissant de mort, sans distinction, les auteurs de ce crime. L'homicide volontaire d'un enfant nouveau-né ne prit un caractère spécial que sous l'empire du Code de 1810. Jusque-là, les dispositions sur la matière et notamment le Code de 1791 l'assimilaient aux attentats de droit commun contre les personnes. Ce n'est qu'à l'époque de la refonte des lois révolutionnaires que le législateur, ému de la répétition effrayante des infanticides, crut à tort pouvoir en diminuer le nombre par la menace d'une peine terrible.

Les rigueurs exceptionnelles de la loi ne résultent pas, comme pour le parricide, du lien de parenté unissant le coupable à la victime, mais de la faiblesse de la personne frappée, de la nécessité de protéger la vie d'une créature sans défense. Comme l'enfant dès sa naissance n'a pas de place marquée dans la société qui ne peut par suite le prendre sous sa garde, on arriverait avec une déplorable facilité à faire disparaître jusqu'aux traces mêmes de son passage. L'infanticide peut donc être le fait d'un étranger aussi bien que celui du père ou de la mère. Telle n'était point l'opinion des anciens auteurs; Carnot, principalement, soutenait que l'aggravation de peine ne s'appliquait qu'aux père et mère. « Pourquoi, disait-il, l'étranger meurtrier » d'un enfant nouveau-né serait-il puni de mort lorsque, s'il » avait commis le meurtre sur le père ou la mère de cet enfant » ou sur tout autre individu, il ne pourrait être condamné » qu'aux travaux forcés à perpétuité ? On ne pourrait en donner » un motif plausible [1]. »

Mais les termes généraux de l'article 300 ne permettent pas de restreindre sa portée aux parents seuls. Il y a une autre preuve que le meurtre du nouveau-né est considéré comme infanticide vis-à-vis de tout le monde. Une loi de la Restauration du 24 juin 1824, corrigeant le Code pénal qui n'admettait de circonstances atténuantes qu'en matière correctionnelle, est venue permettre de changer, à l'égard de la mère, la peine de mort en celle des travaux forcés à perpétuité: mais cette réduction ne devait jamais profiter *à aucun autre individu.*

Eléments constitutifs du crime.

Pour que le crime d'infanticide existe, il faut la réunion des trois circonstances suivantes : 1° l'intention de tuer; 2° un enfant vivant; 3° nouveau-né.

I. La première condition du crime, c'est la volonté de commettre un homicide. Par conséquent, si la justice ne parvient pas à démontrer que la mort a été intentionnellement donnée à l'enfant, l'accusé bénéficiera du doute. En cette

(1) *Commentaire sur le Code pénal*, Tome II, *De l'infanticide.*

matière surtout, l'incrimination est difficile à établir en dehors des aveux du coupable et des constatations médicales qui établissent à l'évidence la cause réelle de la mort. Un accident involontaire, l'imprudence, le défaut de soins, la faiblesse congénitale de l'enfant sont autant de causes morbides qui écartent l'idée d'assassinat. Comment établir le projet criminel chez la mère qui profite des douleurs de l'enfantement pour tuer l'être auquel elle donne le jour? Très souvent, le dessein coupable ne germant dans son esprit qu'au moment de l'accouchement est suivi d'exécution immédiate, et le crime accompli apparait comme un délit purement fortuit, passible seulement de peines correctionnelles. Aussi, l'incertitude des données de l'autopsie, le doute que laisse planer l'instruction sur le degré de culpabilité de l'accusé rendent fort rare l'application de l'article 300 C. P.

II. Second élément de l'infanticide : il faut que l'enfant soit né vivant. C'est pourquoi l'individu qui frapperait avec l'intention de le tuer un enfant dont la mort aurait précédé les coups portés ne serait pas punissable. Il aurait voulu commettre un crime impossible parce qu'il n'a pu recevoir de commencement d'exécution. Cette hypothèse mise à part, la protection de la loi s'étend à tous les enfants sans exception, quels que soient leurs vices de conformation, leurs infirmités, fussent-ils contrefaits et difformes. Plus humain que la législation spartiate qui, jalouse de maintenir le renom de force et de beauté des hommes de la nation, ordonnait de précipiter dans un abîme du Taygète les nouveau-nés faibles ou mal venus, le Code impose le respect de la vie de toute créature humaine.

Est-il nécessaire que l'enfant né vivant soit viable ?

Sur cette question les criminalistes ne sont pas d'accord. Suivant les uns, puisque la loi civile refuse le droit de succéder à l'enfant qui n'a pas la puissance de vivre, l'homicide d'un être condamné par la tare de sa constitution à une mort prochaine échappe à l'application de l'article 300. Ces auteurs confondent, comme disent MM. Chauveau et Faustin Hélie, « les principes de la loi qui protège les intérêts privés et celle » qui protège l'humanité. » En effet, l'une, en considérant comme inexistant l'enfant dont les moments sont comptés, veut éviter les transmissions inutiles de patrimoine. La conception de l'autre est plus généreuse : à dessein elle n'a point parlé de la vitalité nécessaire à l'enfant pour faire de sa mort un crime, et sans s'attarder à des distinctions rappelant les coutumes antiques, elle a puni indistinctement le meurtre de tout nouveau-né. Il n'y a qu'une catégorie d'enfants vivants, également intéressants, qu'elle défend avec la même énergie. Du moment que cet être débile vit, n'est-il pas de toute justice que la société préserve sa personne physique contre des violences trop faciles et doublement criminelles ? « Pourquoi sa protection ne lui » serait-elle pas accordée aussi bien qu'au malade à l'agonie, » au vieillard parvenu au terme de son existence, au condamné » à mort jusqu'à l'exécution régulière de sa condamnation ? » Distinguer, pour punir l'infanticide, entre l'enfant qui est né » viable et celui dont la vitalité serait douteuse, ne serait-ce pas » couvrir d'une excuse perpétuelle les crimes commis sur les » enfants ! (1) »

A l'appui de cette doctrine que nous acceptons sans réserve, l'éminent médecin qui a traité avec tant de compétence le côté scientifique de l'infanticide écrivait aussi : « L'infanticide est constitué dès qu'il y a eu meurtre d'un nouveau-né, vivant, quelles que soient les conditions d'âge, de développement, de conformation, de force, de viabilité en un mot qu'il présente (2). »

III. La troisième condition du crime est que l'enfant soit nouveau-né. Mais pendant combien de jours l'enfant sera-t-il réputé nouveau-né ? En laissant inexpliquée cette expression

(1) Chapitre 46, *Théorie du Code pénal*, Chauveau et Hélie.

(2) Tardieu, chapitre 1, *Étude médico-légale sur l'infanticide*.

le législateur a permis aux opinions les plus diverses de se produire. Aussi, cette question, d'une importance capitale au point de vue de la peine encourue, est-elle l'objet de nombreuses controverses. Suivant le docteur Froriop, de Berlin, on devrait considérer comme nouveau-né l'enfant encore sanguinolent, *adhuc cruentatus*. Ollivier d'Angers prétendait que la chute du cordon ombilical qui se produit dans les huit jours de la naissance marquait la cessation de cet état. Un autre médecin légiste proposait comme terme absolu l'expiration d'un délai de vingt-quatre heures. Toutes ces interprétations, basées sur des observations purement physiologiques, ne sauraient nous arrêter. D'un autre côté, les tribunaux appelés à préciser les termes indéfinis de la loi se sont contentés d'énumérer les motifs de la protection spéciale accordée au nouveau-né.

Dans le dernier état de la jurisprudence, le nouveau-né est l'enfant qui vient de naître ou dans le temps qui suit immédiatement le moment de sa naissance. Voici au surplus un arrêt qui consacre avec force cette définition, qu'il y aurait intérêt à inscrire dans la loi :

Une enfant née le 31 mai 1847 et inscrite sur les registres de l'état-civil de Saint-Germain-sur-Vienne, sous le nom de Louise Bouchet, fut tuée dans la nuit du 6 au 7 juin par un sieur Moreau. La Chambre d'accusation de la Cour d'Angers renvoya l'affaire devant les assises pour meurtre simple, en vertu des considérations qui suivent : « Appliquer la qualification d'infanticide avec ses conséquences pénales au meurtre de l'enfant qui déjà ne se trouve plus à *un temps très rapproché de sa naissance* et dont la naissance a d'ailleurs été constatée, ce serait donner à l'art. 300 une extension qui répugne à son esprit, la loi n'ayant voulu évidemment frapper d'un châtiment plus sévère le meurtre simple, lorsqu'il est commis sur un enfant nouveau-né, que parce qu'elle suppose que n'ayant pu prendre rang dans la société, cet enfant ne se trouve pas suffisamment protégé par les garanties communes aux autres citoyens et que ce crime peut effacer jusqu'à la trace de sa naissance [1]. » Actuellement le jury est seul maître de décider dans chaque espèce si la victime répond aux conditions de la loi. C'est une question de fait laissée à sa versatile appréciation.

Dans quelles limites doit-on renfermer l'infanticide ? Puisque le Code civil impartit un délai de trois jours à partir de la naissance à certaines personnes pour déclarer l'enfant à l'officier de l'état-civil et leur inflige une peine si elles ont négligé d'observer ces prescriptions, l'enfant n'est nouveau-né que pendant trois jours. Ou bien sa naissance a été constatée officiellement en temps utile et il participe aux garanties communes, ou bien les délais de déclaration se sont écoulés avant l'accomplissement de cette formalité, alors encore son existence est censée connue de tous et il rentre dans le droit commun. Le nouveau-né, c'est donc l'enfant non déclaré qui vient de naître ou dans un temps très rapproché de celui de sa naissance, mais qui ne peut jamais excéder trois jours. Cette proposition a paru trop absolue. « Il est difficile, a-t-on dit, de fixer un terme précis après lequel le meurtre d'un enfant non déclaré ne sera plus qualifié infanticide. La loi ne l'a pas fait, parce qu'elle ne pouvait pas le faire [2]. » Mais alors la qualification de crime dépendra de la négligence des témoins déclarants, et le jury allongera ou diminuera à sa guise la période de protection exceptionnelle du nouveau-né. Une telle situation est pleine de dangers.

Il faut bien dire cependant que la doctrine à laquelle nous nous rallions n'a pu recevoir jusqu'à présent la consécration législative. Au contraire, lors de la revision du 28 avril 1832, la Chambre des députés repoussa l'amendement présenté par l'un de ses membres qui proposait de compléter l'article 300 par ces mots : « dans les trois jours qui suivront la naissance ».

Quid si la mort est donnée à l'enfant pendant l'accouchement même ? Le terme de la gestation étant arrivé, il ne peut être

(1) Angers, 22 juillet 1847. D. 1847. 1.

(2) Garraud, *Traité du Droit pénal français. De l'infanticide*, tome 1, p. 250.

question d'avortement. Il faut donc traiter ce meurtre comme celui d'un nouveau-né, si on ne veut le laisser impuni. Quoique l'air n'ait pas encore pénétré dans les poumons de l'enfant, il a tout au moins vécu de la vie intra-utérine, il a remué, et ses mouvements attestent son existence.

Peine d'infanticide.

La mort : tel est le châtiment excessif réservé à celui, parent ou étranger, qui attente aux jours du nouveau-né. Quand le Conseil d'état, indigné par l'odieux d'un pareil crime, édicta cette peine sanglante sans atténuation possible, il oubliait la répulsion qu'elle inspirerait aux magistrats chargés de la prononcer. En se montrant impitoyable vis-à-vis de la mère coupable, il lui faisait porter tout le poids d'une faute dont la responsabilité bien souvent devrait remonter à un autre. Evidemment, la lâcheté du criminel qui abuse de la faiblesse d'un nouveau-né, de son impuissance à se défendre, appelle une répression sévère. Mais, par contre, peut-on se montrer inexorable pour une fille qui, trahie par son séducteur, abandonnée à sa honte, tue dans l'espoir de cacher son déshonneur ? Parce qu'elle aura donné le jour à un bâtard, elle sait que la considération du monde se détournera d'elle, que l'opinion publique lui fera un grief d'avoir conçu en dehors du mariage légal. On comprend dès lors qu'elle cède aux sombres emportements du désespoir, sans pour cela mériter l'échafaud !

Plus psychologue que ses collègues du Conseil d'état, Berlier préconisa le système de la clémence. « Il faut, disait-il, après un » tel crime, une peine assez réprimante pour qu'il ne se repro» duise point par l'exemple de l'impunité. Mais si la loi est » trop dure, ne doit-on pas craindre que ses ministres ne soient » trop indulgents ! » Ses sages avis ne furent pas écoutés et l'on persista à confondre la mère coupable avec le vulgaire assassin. Aussi les effets désastreux de cette loi sans mesure ne tardèrent pas à se faire sentir. Comme il n'était pas possible de la tourner ou de lui trouver aucun tempérament, on la laissa lettre morte et les jurés aimèrent mieux se montrer faibles que cruels: ils acquittèrent dans presque toutes les accusations d'infanticide. Pour remédier à ce mal, une loi du 25 juin 1824 donna aux juges la faculté d'accorder des circonstances atténuantes à la mère seulement. Depuis 1832, cette faculté appartient au jury qui, par un verdict mitigé, peut forcer la Cour à descendre d'un et même de deux degrés dans l'échelle des peines en faveur de tout accusé. Actuellement, la peine minima qui frappe le coupable d'infanticide est de cinq ans de travaux forcés. La vie de l'enfant nouveau-né n'en est pas plus respectée pour cela. Il suffit d'ouvrir les statistiques officielles pour s'en convaincre et apprendre que les infanticides suivent une progression constante. Quelles en sont les causes? Il faut surtout s'en prendre aux mœurs qui considèrent comme une flétrissure la maternité illégitime, et à la sévérité du Code qui fait que les jurés jugeant davantage avec le cœur qu'avec la raison, pardonnent facilement aux coupables un moment d'aberration ou de folie. De 1870 à 1880, sur 970 infanticides, les acquittements prononcés ont été dans la proportion de 26 0/0. En 1887, les Cours d'assises, saisies de 160 crimes dans lesquels étaient impliquées 176 prévenues, ont rendu 64 verdicts négatifs, c'est-à-dire presque un tiers du chiffre des poursuites! Il y a eu une seule condamnation à mort, 71 aux travaux forcés à temps, 2 à la réclusion, 38 à l'emprisonnement. Appréciant ces données, M. le Ministre de la justice s'exprimait ainsi: « Il est permis de penser que l'admission des circonstances atténuantes a quelquefois pour but de protester contre *la sévérité de la loi pénale, notamment en matière d'infanticide* [1]. » Nous sommes heureux de recueillir cet aveu d'un homme qui n'est pas suspect de parti-pris à l'égard des lois existantes. Traduit sans ambages, cela signifie que les rédacteurs du Code se sont complètement trompés en faisant d'une sévérité exagérée un moyen préventif. Il est permis de sup-

(1) Rapport sur la justice criminelle pendant l'année 1887.

poser que la disproportion de la peine et du crime engage les coupables à tabler presque avec certitude sur les hésitations qu'éprouvera le jury à rapporter une sentence de mort. Assurément la doctrine du Conseil d'état procédait d'une préoccupation louable, l'intérêt de l'enfant, mais une expérience de près d'un siècle a prouvé que terroriser n'était pas légiférer.

Réformes proposées.

La situation est devenue si grave que ces derniers temps un cri d'alarme a douloureusement retenti d'un bout à l'autre du pays : la France se dépeuple ! D'un rapport très savant communiqué à l'Académie de médecine par le docteur Lagneau, il résulte qu'à l'heure actuelle, pour 23.09 naissances, il y a 21.9 décès. L'excédent des naissances est chez nous de 1,19 sur 1,000 par année, et avec les étrangers émigrés de 2.9, tandis qu'en Allemagne il est de 10.00, en Angleterre de 13.7, en Russie de 12.9. Et l'infanticide est un des agents les plus actifs de cette décroissance de la natalité. Comment conjurer le mal ? Inutile, nous l'avons démontré chiffres en mains, de compter sur les foudres impuissants de l'article 300 C. P. L'intimidation, loin de servir la cause des enfants, n'a eu jusqu'ici d'autre résultat que de laisser impunis un grand nombre d'attentats infantiles. Aussi, la première réforme à faire serait d'abaisser considérablement la peine de ce crime, selon l'exemple des autres législations. Le Code hollandais renferme des dispositions qui appellent particulièrement l'attention. « La mère qui, sous l'impression de la crainte que son accouchement soit découvert, ôte avec intention la vie à son enfant au moment de la naissance ou peu de temps après, est punie, comme coupable de meurtre d'enfant, d'un emprisonnement de six ans au plus. » (Art. 290). « La mère qui, pour exécuter une résolution prise sous l'impression de la crainte que son accouchement soit découvert, ôte avec intention la vie à son enfant au moment de la naissance ou peu de temps après, est punie, comme coupable d'un assassinat commis sur un enfant, d'un emprisonnement de neuf ans au plus. » (291.) Le Code pénal italien de 1890 édicte dans son article 369 : « quand le meurtre est commis sur la personne d'un enfant non encore inscrit sur les registres de l'état-civil et dans les cinq jours de la naissance, pour sauver l'honneur personnel de l'épouse, ou de la mère, ou d'une descendante, ou d'une fille adoptive, ou d'une sœur, la peine est celle de la détention de trois à dix ans ».

On entraverait utilement les progrès de la criminalité, à notre avis, en votant aussi sans tarder le rétablissement des tours, en multipliant les services d'assistance, en augmentant les dotations de ceux déjà existants. L'éminent académicien qui a si souvent plaidé la cause de l'enfance, Alexandre Dumas fils, a tout récemment reconnu que la réouverture de ces hospices s'imposait. « Avez-vous intérêt socialement, moralement, économiquement à ce que votre population augmente et que votre mortalité infantile diminue ? Oui, dit-on. Alors, recueillez tous les enfants que leurs pères ne veulent pas reconnaître, que leurs mères ne peuvent pas nourrir ou ne peuvent pas avouer... Bref, rétablissez les tours, sans que celles qui s'en serviront soient forcées de se faire connaître... Vous n'en sortirez pas autrement[1]. » Cet aveu est d'autant plus précieux à retenir que l'auteur figurait jusqu'à ce jour au nombre des adversaires du projet que nous recommandons. De cette façon, les mères malheureuses, au lieu de se sentir étreintes par la misère ou le déshonneur, auront la ressource suprême de donner leurs enfants à la collectivité. Les tours conserveront à la population une foule de petits êtres qui, sans eux, seraient supprimés dès leur naissance ou disparaîtraient dans les premières années de la vie. Ces raisons avaient ému plusieurs députés qui s'étaient joints dernièrement à M. de la Ferronnays pour appuyer devant la Chambre une demande de crédits destinés à ces asiles. Leur proposition a été repoussée. Cela fait mal augurer de l'accueil

(1) Préface du livre de M. Gustave Rivet, sur la *Recherche de la paternité*.

qui sera réservé au projet de rétablissement des tours déposé sur le bureau de la Chambre le 29 mai 1878 par M. de Lacretelle quand il viendra en discussion.

Sans doute, il existe déjà des hospices où l'admission des enfants a lieu à bureau ouvert, mais un vice fondamental en compromet le succès. Au lieu d'y rencontrer cette discrétion qui repose, cet incognito qui préserve la réputation de la mère, les filles honteuses de leur faute ont à comparaître devant un employé inquisiteur. Quelqu'un les voit, et c'est trop d'un! Les pouvoirs publics semblent disposés à présenter une loi organisant d'une façon générale des bureaux d'abandon sur le modèle de celui créé à Paris, rue Denfert-Rochereau. Mais ils ne feront œuvre utile qu'en facilitant le plus possible l'abandon de leurs enfants aux mères qui ne peuvent ou ne veulent les élever. A cet effet, il faudra supprimer l'interrogatoire qu'on leur fait subir, les demandes de renseignements sur leur état civil ou adopter le système en vigueur en Russie, où l'on se borne à délivrer à la mère un numéro d'ordre sans prendre son nom. Sans l'anonymat, le but que l'on se propose est manqué. En résumé, tout se ramène à une question d'argent, et cette considération ne saurait faire retarder l'application de mesures urgentes d'où dépend l'avenir du pays.

SECTION III

SUPPRESSION D'ENFANT

La suppression d'enfant ne doit pas être confondue avec la suppression d'état.

Peu de questions ont soulevé autant de controverses et provoqué autant de commentaires que celle dont nous abordons l'étude. En suivant les efforts tentés pour arriver à dégager des solutions fermes du texte à double entente de l'article 345, l'on se rend compte du désarroi qui a régné si longtemps dans la doctrine et la jurisprudence. Aujourd'hui, malgré les nombreuses décisions intervenues en cette matière, l'accord est loin d'être fait. Ces discussions interminables sont dues à une confusion qui s'est produite entre le crime de suppression d'enfant et le crime de suppression d'état. Quoique complètement distincts, ils coexistent dans la rédaction de l'article 345, et souvent même se combinent au point que l'un devient la conséquence de l'autre. Certains juristes ont mis en doute cette dualité d'infractions. M. Blanche, notamment, s'exprime ainsi : « Il (le Code pénal) ne classe pas textuellement la suppression d'état parmi les actes qu'il réprime. J'ai lu dans plus d'un ouvrage que ce crime est prévu et réprimé par l'article 345. Encore une fois, je ne le trouve pas dans les énonciations de cet article[1] ». Sans doute, les mots : suppression d'état ne figurent pas en toutes lettres dans la loi, mais les moyens d'attenter à l'état civil de l'enfant y sont énumérés en grande partie. La supposition d'état, la substitution, le recel, la suppression d'enfant, qui sont les diverses manifestations de ce crime, ne sont répréhensibles que par leur but qui est précisément la suppression d'état. Elle en résulte implicitement, et quand nos adversaires objectent qu'alors elle n'est pas punie pour elle-même, ils sont bien près de tourner dans un cercle vicieux.

Historique de la question.

Depuis son inscription dans le Code, l'article 345 a subi des modifications qui en ont tout à fait changé le sens. Dans l'ancien droit, la suppression de part ou d'état est le crime de celui ou de celle qui ôte la connaissance de l'existence d'un enfant

Blanche, *Etudes sur le Code pénal*, tome 5, page 300.

B.N.

ou de son état [1]. Le Code de 1791, article 32, titre 5, punit de douze ans de fers celui qui aura volontairement détruit la preuve de l'état civil d'une personne. En 1810, cette disposition fut trouvée trop vague et l'exposé des motifs annonçait que le nouveau code édicterait la peine de la réclusion contre ceux qui « par de fausses déclarations donneront à un enfant la famille à laquelle il n'appartient pas ou qui, par un moyen quelconque, lui feront perdre l'état que la loi lui garantirait ». En même temps qu'il spécifiait les faits capables d'aboutir à la suppression de l'état-civil, le législateur donnait aux mots « suppression d'enfant » un sens qu'ils n'avaient jamais eu. Mais comme il s'occupait essentiellement d'assurer l'état-civil, il ne visait que l'enfant né vivant. Le crime ne pouvait exister en cas de suppression d'un enfant mort-né, celui-ci ne pouvant avoir d'état [2]. Il y avait une lacune à combler: la disparition de l'enfant restait impunie quand il n'était pas établi qu'il avait eu vie. Pour remédier à cette situation, la loi de réforme du 13 mai 1863 augmenta l'article 345 de deux paragraphes créant deux délits nouveaux au cas de non représentation de l'enfant mort-né ou de celui dont la vie était douteuse. Dorénavant, l'enfant doit être représenté vivant ou mort.

Système actuel.

Quel est le système consacré par les additions de 1863? Protège-t-il également la filiation et la personne de l'enfant? A ce sujet, tribunaux et auteurs se sont livrés à mille dissertations abandonnées aussitôt qu'écloses. Les uns sont d'avis que les dernières améliorations n'ont pas corrigé toutes les imperfections du Code. Si elles ont suppléé, disent-ils, à la lacune relative au défaut de représentation de l'enfant qui a peut-être vécu ou qui est mort-né, elles ont laissé la justice impuissante

(1) Jousse, *Traité des matières criminelles*, tome 1, page 140.
(2) Cassation, 1er août 1836, S. 1. 545.

devant la suppression d'un enfant ayant eu vie opérée sans intention de nuire à son état civil. Aujourd'hui comme en 1810, il faut que l'auteur du crime ait non seulement supprimé l'enfant, mais ait été poussé à l'exécution de cet acte par la pensée coupable de supprimer sa filiation. A l'appui de leur opinion, ils citent ces paroles du rapporteur de la Commission au Corps législatif : « La disparition d'un enfant peut bien n'avoir pour cause qu'une atteinte dirigée contre son état civil, mais elle est aussi le plus souvent l'indice d'un crime commis sur sa personne... Nous acceptons l'incrimination nouvelle en faisant remarquer que le délit qui sera poursuivi par application des deux paragraphes additionnels *ne se rattache pas essentiellement au principe des incriminations portées dans l'article 345.* En effet, si l'enfant n'a pas vécu, ou si seulement il n'est pas établi qu'il a vécu, il n'y a pas de suppression dans le sens légal de ce mot, car il n'y a pas d'atteinte possible à son état civil. » On peut donc conclure de là que l'intention du législateur a été de reproduire dans l'alinéa 1er l'article 345 de 1810, qui prévoit uniquement l'ancien crime de suppression d'état. Suivant eux, l'article 345 primitif maintenu dans la loi de 1863 protège l'état civil; les additions de cette époque protègent la personne. L'article revisé comprend un crime défini en 1810 et deux délits créés en 1863.

Avec la jurisprudence, nous croyons que l'article 345 vise deux ordres de faits différents : 1° le crime de suppression d'un enfant ayant eu vie dont la disparition compromet l'état civil alors que la suppression de cet état ne paraît pas avoir été la cause directe et déterminante de la suppression de la personne de l'enfant; 2° le crime de suppression d'un enfant ayant vécu quand la suppression de l'état civil a été le but poursuivi par l'auteur des faits incriminés [1]. « C'est sous le même numéro une réunion d'éléments disparates », mais qu'il est nécessaire d'admettre pour expliquer notre article. Autrement, le crime de suppression d'enfant n'aurait pas de place dans le Code pénal.

(1) Cassation, 4 décembre 1879. D. 80.1.230.

De plus, la personne d'un enfant mort-né se verrait protégée contre l'enlèvement, le recel et la suppression, et l'enfant né vivant ne le serait pas. C'est une anomalie que les rédacteurs de la loi n'ont pas voulue.

Un intérêt considérable naît de l'interprétation adoptée. Toutes les fois que la suppression de l'état civil d'un enfant aura lieu, l'article 327 du Code civil sera applicable et la juridiction criminelle devra surseoir à statuer jusqu'au règlement définitif de la question préjudicielle d'état par les tribunaux civils. Au contraire, le fait de la suppression de la personne de l'enfant est principal, indépendant de toute question préjudicielle et diffère par ses effets comme par sa nature de la suppression d'état. Il suffit de constater la suppression avec intention criminelle de la personne d'un enfant né vivant sans qu'il soit besoin d'indiquer l'intention de supprimer l'état quand cette suppression ne se rattache qu'incidemment au crime contre la personne qui est l'objet principal de la poursuite.

Grâce aux remaniements qui l'ont modifié, l'article 345 présente une échelle de prévisions et de peines dont la gradation est logique et liée dans toutes ses parties. L'alinéa 1er subsiste « avec une portée nouvelle, influencée par les dispositions qui l'accompagnent et prévoit la suppression d'enfant né vivant, quelle qu'ait été l'intention frauduleuse qui ait fait agir l'auteur de la suppression ».

Eléments constitutifs du crime de suppression d'un enfant né vivant.

Supprimer un enfant, c'est faire disparaître sa personne sans attenter à ses jours, de manière à empêcher qu'aucune trace de son passage existe ; c'est dissimuler sa naissance ou son existence pour qu'il ne prenne pas dans la société le rang que lui attribue la loi. Cette occultation est d'autant plus répréhensible que souvent elle est l'indice d'un homicide dont elle favorise l'impunité. Auxiliaire de l'infanticide, la suppression d'enfant le provoque, l'enhardit et en complète les funestes effets. A ces divers points de vue, elle attente à la vie physique et fait échec aux intérêts matériels et moraux de l'enfant [1].

Trois éléments constituent le crime de suppression d'enfant : 1° le fait matériel ; 2° l'intention criminelle ; 3° un enfant vivant.

α. Il faut la dissimulation de la personne de l'enfant par l'un des procédés dont parle l'alinéa 1er. L'enlèvement est la suppression de l'enfant avec déplacement. Le recel est l'acte de celui qui cache un enfant déjà enlevé par un tiers. Il y a substitution d'un enfant à un autre quand on donne à un enfant la place, les droits d'un autre dans une famille à laquelle il est étranger. Une telle attribution frauduleuse ne supprime pas forcément l'état civil : si, par exemple, la substitution porte sur deux enfants qui ont été déclarés, elle n'altérera nullement leur titre; leur filiation restera la même. Quant à la supposition d'enfant à une femme qui n'est pas accouchée, elle produit les mêmes effets que le crime de substitution. Que l'enfant supposé existe réellement ou qu'il soit un être imaginaire, peu importe ; le préjudice causé à la famille est le même dans les deux cas.

β. La seconde condition du crime est de soustraire l'enfant à tous les regards, de le faire passer pour mort.

γ. En troisième lieu, la victime doit être un enfant nouveau né ou non : le texte ne précise pas.

Conditions du délit de suppression d'un enfant mort-né ou dont l'existence est douteuse.

Si l'enfant supprimé n'a pas vécu, la peine est de six jours à deux mois d'emprisonnement ; elle est de un mois à cinq ans quand il n'est pas établi que l'enfant a vécu. Ces dispositions

(1) Cassation, 9 avril 1874. S. 1874. 1. 288.

additionnelles relatives à la représentation des enfants sont le complément des articles qui concernent les déclarations de naissances et les inhumations. Le paragraphe 3 principalement reproduit l'article 358 du Code pénal dont il a emprunté la pénalité et avec lequel il fait double emploi. Sans la représentation, les constatations matérielles des suites de l'accouchement eussent été rendues impossibles, les indices de nature à établir l'existence de l'enfant eussent presque toujours été anéantis, et la loi se serait constamment heurtée à une présomption de mort naturelle. Dès que le ministère public a fait la preuve de la grossesse et de l'accouchement, l'infraction existe. C'est à la femme qui veut échapper aux conséquences pénales de cette double preuve d'établir que le fruit de l'accouchement était un fœtus inhabile à vivre. La suppression que punit le Code s'entend, en effet, d'un être organisé et non d'un produit informe. La qualité d'enfant ne saurait être donnée qu'au fœtus venu à terme ou après une gestation qui lui permet de vivre. Or, des données de la science, il résulte que l'être qui vient au monde avant six mois est privé non seulement de la vie, mais aussi du développement organique indispensable à l'existence (1). La présentation d'un pareil cadavre ne pourrait que blesser la pudeur publique, sans utilité pour l'intérêt social (2).

D'après une jurisprudence constante, la viabilité est donc un *criterium* qui détermine la durée exacte de la gestation à partir de laquelle les pénalités de l'article 345 deviennent applicables. Mais à qui incombe la preuve de la viabilité de l'enfant? Est-ce à la défense? Est-ce à l'accusation? Les uns disent que la loi de 1863 n'autorise nulle part cette exception au principe d'ordre public d'après lequel la preuve doit être faite par l'accusation. Dans un autre système que nous admettons, la preuve de la viabilité serait pour la partie poursuivante une tâche im-

(1) Guéret, 23 novembre 1875. *Journal du ministère public*, 1876, n° 1987. — Foix, 14 novembre 1885. *Gazette du Palais*, 1886.1. supp. 70.

(2) Cassation, 7 août 1874. — Sirey, 1875.1.41. — Tribunal de la Seine, 11e chambre, 13 juillet 1883. *Journal du ministère public*, 1883, n° 2641.

possible, tandis qu'il sera toujours facile à la mère d'établir qu'elle a mis au monde un être complètement inorganisé. Le législateur ne pouvait imposer aux parquets l'obligation d'une preuve dont l'administration suppose d'abord la représentation de l'enfant. Il est de toute justice, au contraire, que celle qui a voulu cacher sa faute par un accouchement clandestin établisse la non-viabilité qui écartera toute idée de délit. Sinon, la présomption de viabilité du fruit de la grossesse subsistera entièrement par le fait de la non-représentation. Si le législateur n'avait pas voulu déroger au droit commun de la preuve en l'espèce actuelle, il aurait permis à la mère de s'assurer l'impunité en refusant de remettre le produit de l'accouchement [1].

Quid s'il y a eu non pas accouchement, mais avortement ?

Des auteurs ont prétendu que l'embryon devait être représenté à l'officier de l'état civil, pourvu que ce soit un être organisé dont on puisse reconnaître le sexe [2]. Nous ne jugeons pas ce système exact. Ce n'est pas en vue d'un tel être que le décret du 3 juin 1806 a été promulgué. Au surplus, les termes mêmes de l'article 345 (3°), « s'il est établi que l'enfant n'a pas vécu », semblent bien se référer à un enfant viable. On peut invoquer également contre cette opinion l'article 346 C. P. qui impose l'obligation de faire la déclaration de naissance aux personnes présentes *à l'accouchement*, autrement dit à la venue d'un être complet.

En étendant ici la présomptiom légale de l'article 312 du Code civil, qui fixe à 180 jours le minimum d'une grossesse, la Cour suprême a peut-être oublié que la viabilité naturelle pouvait différer de la viabilité légale, et que dans les cas de suppression l'époque de la conception resterait toujours inconnue. Néanmoins son système a le mérite de couper court aux appréciations arbitraires qu'autoriserait l'absence d'une base plus juridique.

Est-il nécessaire d'attendre l'expiration d'un délai de trois

(1) Dijon, 11 mai 1879. D. 1880-2-58.

(2) Dijon, 16 septembre 1868. S. 1869-2-165.

jours depuis la disparition de l'enfant avant que des poursuites puissent être exercées?

Nous ne le croyons pas. Les faits de suppression d'enfant sont punis indépendamment de l'expiration des délais de l'article 55 du Code civil, dont l'inobservation se trouve sanctionnée dans l'article 346 C. P. Il y a une raison péremptoire qui s'oppose à la combinaison des articles 55 et 345 : la mère ne figurant pas au nombre des personnes tenues de faire la déclaration de naissance, on ne saurait invoquer à sa charge le défaut de représentation dans les trois jours. Il paraît plus conforme au droit de décider que, du moment où il est avéré qu'un enfant a été supprimé pour que sa naissance reste cachée, le délit est consommé par le seul fait de la suppression, quelles que soient l'époque de la découverte de ce fait et les circonstances dans lesquelles elle pourrait se produire, si ces circonstances sont indépendantes de la volonté de l'agent. Ainsi, le tribunal de Lisieux avait acquitté la fille Millois, renvoyée devant lui pour suppression d'enfant, en disant que la prévenue ayant représenté son enfant aux autorités judiciaires le jour même de son accouchement, le fait d'avoir caché quelques heures l'enfant sous la paillasse de son lit ne constituait pas la dissimulation délictueuse. Sur appel du ministère public, l'affaire vint à la Cour de Caen. Aux yeux des premiers juges, la justice était intervenue avant l'expiration des trois jours pendant lesquels la présentation des nouveau-nés a lieu utilement, elle n'avait pas laissé à l'inculpée le temps de consommer le délit. Leur décision fut infirmée : aux termes de l'arrêt, la suppression s'est accomplie par le fait d'avoir placé le cadavre dans le seul endroit où la fille Millois pouvait le cacher à ce moment-là, puisqu'elle a été gardée à vue depuis l'instant où sa maîtresse a découvert son accouchement jusqu'à l'arrivée du juge de paix et de la gendarmerie. La prévenue a bien, il est vrai, révélé à la justice la place qu'occupait le corps de son enfant, mais cette indication elle l'a donnée devant la menace d'investigations qui eussent certainement abouti [1].

(1) Caen, 6 juin 1875, 2.130.

SECTION IV

LOI ROUSSEL

Circonstances qui ont amené le vote de la loi.

Avant 1874, l'enfant qui franchissait heureusement les écueils redoutables sur lesquels nous nous sommes expliqué courait un autre danger. S'il était né d'une mère qui, soit indifférence, soit nécessité, l'abandonnait aux soins mercenaires d'une nourrice, on pouvait prévoir sa mort à brève échéance. Car ce petit être, dont la fragile constitution réclamait une affection, des soins de tous les instants, dépérissait entre les mains de celle qui avait pris l'engagement de l'élever. Bientôt affaibli par la maladie, les privations, trop souvent même les mauvais traitements, il succombait sans que personne songeât à accuser sa gardeuse.

On croit rêver en lisant dans les rapports officiels de l'époque que la mortalité atteignait 75 et 80 0/0 des jeunes enfants. Les recherches faites par l'Académie de médecine sur les origines du mal donnèrent la conviction que l'inobservation des mesures d'hygiène et le défaut de surveillance des nourrices en étaient seuls causes. Pour donner une idée de l'intensité du fléau qui décimait la population infantile, il suffit d'ouvrir l'exposé des motifs de la loi : « A Paris, y est-il dit, sur 54,000 enfants qui naissent chaque année, plus de la moitié a péri avant quatre ans et, en comptant à part les enfants envoyés en nourrice, on trouve que la moitié au moins, 51,6 0/0, a péri avant un an révolu. »

L'intervention du législateur s'imposait : il fallait agir. C'est alors que le docteur Théophile Roussel saisit l'Assemblée nationale d'un projet qui est devenu la loi du 23 décembre 1874. S'attaquant résolument aux abus résultant du placement des enfants en bas-âge chez des personnes étrangères, le législateur a substitué sa protection à celle de la famille que son éloignement rendait inefficace, sinon impossible. Il a réglementé minutieusement l'industrie nourricière devenue un danger public. Il lui a rendu son but naturel, qui est de suppléer à l'alimentation insuffisante de la mère par l'allaitement vivifiant d'une nourrice vigoureuse et de ménager aux nourrissons dont les parents, retenus par leurs travaux, sont obligés de se séparer, la sollicitude incessante d'une gardeuse honnête et expérimentée. Désormais, il ne faut plus que l'appât d'un gain facile à réaliser détermine la nourrice à se charger d'un enfant à qui elle consacrera les rares loisirs que lui laissent ses travaux ordinaires. Qu'elle n'espère pas tromper la vigilance des représentants de la loi, toutes les garanties entourent le précieux dépôt qui lui a été confié.

Analyse de la loi.

L'esprit de cette loi humanitaire se reflète fidèlement dans l'art. 1er aux termes duquel « tout enfant âgé de moins de deux ans qui est placé moyennant salaire en nourrice, en sevrage ou en garde hors du domicile de ses parents devient, par ce fait, l'objet d'une surveillance de l'autorité publique ayant pour but de protéger *sa vie et sa santé.* » Le but et l'étendue de la loi apparaissent nettement précisés. A l'avenir, il n'y aura plus à redouter l'insouciance des mères qui, sous prétexte de santé, mais en réalité par égoïsme ou coquetterie, se déchargent sur d'autres des devoirs sacrés que leur impose la nature. La mission tutélaire des Pouvoirs publics suppléera à l'étroitesse du sentiment maternel.

Ainsi limitée à deux ans, la période du premier âge ne correspond pas exactement à la durée de l'allaitement, qui prend fin d'ordinaire vers le douzième ou le quinzième mois; mais de cette façon, l'enfant sevré, encore trop jeune pour être admis à la salle d'asile, ne risque pas de rester sans protection.

En soumettant au même régime de surveillance les enfants en sevrage ou en garde, le législateur a voulu les placer dans des conditions hygiéniques meilleures. Nul n'ignore ce qu'étaient les anciennes garderies: des habitations pauvres et sales, foyers d'infection où grouillaient entassés les uns sur les autres, dans une malpropreté repoussante, les petits enfants dont les mères travaillent tout le jour. Sous l'empire de la loi de 1874, nourrices et gardeuses sont assujetties à toute une série de mesures de surveillance que le préfet de police à Paris et les préfets dans les départements sont chargés de faire respecter. Des Commissions locales et départementales composées de fonctionnaires, d'administrateurs de sociétés qui s'occupent de l'enfance et un comité supérieur assurent l'exécution des prescriptions édictées. En outre, des médecins désignés par les préfets ont mission d'inspecter les enfants compris dans les catégories protégées.

Quelles sont les mesures de préservation prises?

La loi Roussel a créé une sorte d'annexe de l'état civil destinée à fournir aux inspecteurs un moyen de contrôle sérieux sur la vie des nourrissons. Dans ce but, elle impose à ceux qui placent leurs enfants l'obligation de faire à la mairie de la commune où a été constatée la naissance de l'enfant ou à celle de la résidence actuelle une déclaration qui est inscrite sur un registre spécial. Ils doivent aussi remettre à la nourrice un bulletin contenant l'extrait de l'acte de naissance de l'enfant (article 7).

La nourrice ou gardeuse, de son côté, doit, lorsqu'un enfant lui est confié, le déclarer à la mairie de son domicile dans les trois jours de son arrivée et y déposer le bulletin de naissance. Plus tard, elle fera connaître dans le même délai le retrait de l'enfant ou sa remise à une autre personne. S'il vient à décéder, elle aura vingt-quatre heures pour prévenir l'officier de l'état civil. Celui-ci donne avis de ces formalités au maire de la commune où a été faite la déclaration de mise en nourrice pour qu'il en informe le placeur de l'enfant. Ces diverses déclarations figurent sur un registre coté, paraphé et vérifié par le juge de paix du canton qui, chaque année, adresse un rapport sur les résultats de son examen au procureur de la République qui le transmet au préfet. Cependant, pour plus de clarté, le règlement d'administration publique du 27 février 1877, renchérissant sur la loi, dispose dans son article 39 que chaque mairie tiendra ouverts deux registres destinés à recevoir, l'un les déclarations exigées de ceux qui placent l'enfant, l'autre les énonciations imposées à celles qui se chargent de l'enfant. Avec ces registres distincts, on évitera toute confusion d'écritures.

Comme on le voit, cette réforme vient compléter le système du Code relatif à l'état civil. Le législateur de 1804, en instituant les actes de naissance, a voulu que l'existence de l'enfant soit officiellement constatée ; celui de 1874, en imaginant ces formalités qui sont de véritables actes de l'état civil, a voulu savoir ce que devenait l'enfant pendant les deux premières années de sa vie. Il le suit pas à pas, ne le perd pas de vue, appelle sur chaque déplacement de l'enfant l'attention de l'autorité en même temps qu'il le met sous sa garde.

Veut-on une preuve de l'étroite corrélation qui règne entre le chapitre consacré à l'état civil par le Code et la loi Roussel ? Elle est dans l'article 20 du règlement ainsi conçu : « Tout officier de l'état-civil qui reçoit une déclaration de naissance doit rappeler au déclarant les dispositions édictées par l'article 7 de la loi du 23 décembre 1874. » De même que les parquets font procéder annuellement dans toutes les communes au dénombrement des naissances, le registre créé par l'article 10 permet à la statistique d'établir une comptabilité des nourrissons.

Des contraventions à la loi.

Ce sont faits anormaux que la séparation de la mère et de son enfant et la remise de celui-ci à une étrangère qui l'emporte avec elle, quelquefois à de grandes distances. Ils mettent en péril son état et facilitent sa suppression : aussi la loi, méfiante, les réglemente sévèrement. Des esprits inquiets la blâment d'avoir étendu aux contrevenants les pénalités rigoureuses de l'article 346 C. P. La crainte d'un emprisonnement qui peut s'élever à six mois ou d'une amende dont le maximum est trois cents francs découragera les nourrices, disent-ils, et vos dispositions protectrices, péchant par excès de zèle, tueront l'industrie nourricière. Il n'y a pas lieu de s'arrêter à cette objection. Grâce à l'applicabilité de l'article 463 à tous les cas prévus, les tribunaux correctionnels sauront proportionner la répression à la gravité du délit. Dans la pratique, la condamnation prononcée contre les mères et les nourrices, peu habituées encore aux complexités d'une loi restée trop longtemps lettre morte, dépasse rarement le taux des peines de simple police.

Mais à côté des personnes qui enfreignent la loi parce qu'elles l'ignorent, il en est qui refusent de lui obéir parce qu'elle les gêne. La multiplication des moyens de publicité aura raison de l'ignorance des uns : pour triompher de la résistance des autres, il faudra user des moyens de répression. Il n'est pas admissible que, sous prétexte d'habitudes invétérées, de formalités à éviter, des familles, des nourrices et des meneuses se fassent un jeu des prescriptions tutélaires de la loi [1].

Toutefois, nous sommes les premiers à reconnaître que l'intervention du juge de paix, son autorité, ses conseils, feront plus pour introduire ces dispositions dans les mœurs que l'intimidation.

(1) Circulaire ministérielle du 10 juillet 1881. Bulletin du ministère de l'intérieur.

Voici les principales infractions correctionnelles prévues par le texte : « Toute personne qui ouvre un bureau de nourrices, toute sage-femme ou autre intermédiaire qui entreprend le placement des enfants et le louage des nourrices sans avoir obtenu préalablement l'autorisation préfectorale, encourt une amende de seize à cent francs et, en cas de récidive, un emprisonnement de un à cinq jours. » (Article 11, 1° et 2°.)

L'absence ou la tenue irrégulière des registres de déclarations rend le maire passible de l'amende portée à 100 francs par l'article 50 du Code civil. C'est que l'exactitude des inscriptions faites sur ces registres garantit l'état des enfants contre les erreurs et fait connaître au médecin inspecteur les nourrissons de sa circonscription. Cette partie formaliste de la loi demande à être scrupuleusement suivie, car de son observation dépend le résultat auquel on tend. Aussi nous ne comprenons pas les critiques qu'un membre de la Chambre des députés élevait dernièrement à la tribune contre ces précautions matérielles, contre ce luxe de registres, de paperasseries considérables gênants, inutiles et très coûteux dont les circulaires ont entouré la loi (1).

Quand toutes les formalités administratives sont remplies, alors commence la tâche du médecin. Prévenu par le maire de l'arrivée d'un enfant dans la commune, il doit le visiter dans la huitaine du placement, puis une fois par mois et à toute réquisition de l'autorité locale. Il vise à chaque inspection le carnet de la nourrice, qui est comme la fiche d'identité attachée au nourrisson. Son contrôle, ses observations tiennent la nourrice en haleine et l'empêchent de préjudicier par un calcul coupable à l'enfant dont elle remplace la mère. Si pour avoir été trop parcimonieuse de nourriture et de soins, si pour avoir continué, malgré l'opposition de l'inspecteur, des pratiques d'élevage antihygiéniques ou des procédés meurtriers d'alimentation, elle occasionne la mort du petit être, elle sera poursuivie pour homicide involontaire.

(1) *Journal officiel*, Chambre des députés, séance du 11 mars 1890.

A ces délits, il convient d'ajouter la liste des contraventions de la compétence du juge de paix. Fréquemment, la négligence des nourrices ou gardeuses, si elle n'entraîne pas la mort, compromet la santé de l'enfant. Ce dommage entraîne contre elle un emprisonnement de un à cinq jours (article 11, 4°). La protection accordée à l'enfant peut se graduer ainsi : en cas de mort par imprudence ou inobservations des règlements, application de l'article 319. Les blessures ou coups involontaires qui sortiraient des limites du simple dommage à la santé tombent sous le coup de l'article 320, quel que soit l'auteur du délit. Lorsqu'il ne s'agit que d'un simple préjudice à l'état de santé de l'enfant, la peine spéciale aux nourrices est celle de l'article 11 de la loi.

D'une façon générale, toute infraction aux prescriptions de la loi et des règlements qui s'y rattachent est punie d'une amende de 5 à 15 francs. Par exemple, l'omission par la femme qui se charge d'un enfant de se pourvoir à l'avance : 1° d'un certificat du maire renseignant sur son état civil et sa conduite, la propreté et la salubrité de son habitation; 2° d'un certificat médical attestant qu'elle remplit les conditions voulues pour élever un nourrisson, qu'elle n'a ni infirmité ni maladie contagieuse, qu'elle est vaccinée; 3° d'un carnet contenant les indications énumérées à l'article 30 du décret, donne lieu au renvoi de la contrevenante en simple police. Une femme qui allaite simultanément deux nourrissons sans autorisation du médecin commet également une contravention. Enfin, quand celle qui élève un enfant refuse de recevoir chez elle les visites des personnes préposées à sa surveillance, elle encourt une amende de cinq à quinze francs, et même un emprisonnement de un à cinq jours si le refus est accompagné de violences ou d'injures.

Appréciation de la loi.

D'un mot, on peut dire que la loi Roussel a organisé un véritable arsenal de précautions en faveur de l'enfant de moins de deux ans placé en nourrice, en sevrage ou en garde hors du domicile de ses parents. Les visites fréquentes et inopinées du médecin et des membres de la Commission, les pénalités nouvelles, l'espoir des récompenses que le préfet peut demander pour les nourrices les plus méritantes constituent un stimulant bien fait pour multiplier les chances de survie des nourrissons. Bien qu'elle n'ait été sérieusement exécutée que sur quelques points du territoire, la loi due à l'initiative de l'honorable M. Roussel, aujourd'hui sénateur de la Lozère, a donné d'excellents résultats. Un seul exemple suffira à montrer combien elle a contribué à réduire le tribut énorme que la population du premier âge payait à la mort. Dans le Calvados, avant sa promulgation, la mortalité des enfants dépassait 30 0/0; depuis son application, les résultats sont les suivants :

Année 1881,	mortalité de 0 à 12 mois	. 10,22	pour 100
— 1882,	— —	. 10,72	—
— 1883,	— —	. 12,02	—

La Creuse ne perd que 11,18 de ses enfants, la Manche que 13,05.

D'aussi sensibles améliorations nous donnent la solution de la question. Pour ralentir la marche du mal il suffit de tenir la main à l'application stricte de la loi Roussel. Il s'en faut encore de beaucoup que l'on tire tout le parti possible de ses prescriptions. Ainsi, de 1883 à 1885, la mortalité a été de 16,82 décès sur 100 naissances; en d'autres termes, la France perd un sixième des enfants (150,000) dans la première année d'existence. Il y a 15,10 morts sur 100 pour les enfants légitimes et 28,65 pour les enfants naturels, soit près du double. En méditant ces chiffres, on arrive à découvrir la véritable cause de cette mortalité persistante. Le grand obstacle à des progrès plus rapides : c'est la misère. La malheureuse fille qui devient mère au milieu des privations de toute nature ne peut donner à son enfant qu'un lait pauvre, tari, et quand elle l'envoie en nourrice, elle l'expose à l'infanticide par inanition.

Il est vrai que des spécialistes éminents, parmi lesquels le docteur Lagneau, attribuent les effets les plus nuisibles à l'usage du biberon. Certainement l'allaitement artificiel ne vaut pas le sein, mais le biberon représente la nourriture soustraite à la surveillance de la mère, l'alimentation tarifée tant par mois. Que la femme mercenaire spécule sur la quantité comme sur la qualité du lait parce qu'elle ne reçoit qu'une maigre subvention, n'est-ce pas la faute de la misère?...

La loi Roussel permet de diminuer la mortalité, peut-être même de la supprimer, à condition que l'Etat, les départements mettent à son service beaucoup d'argent. Le jour où les nourrices et gardeuses sauront la mère en état de les rémunérer largement avec le concours officiel de l'administration, au lieu d'enfants pâles, étiolés, amaigris, elles feront des sujets forts, vigoureux, et le vœu du législateur sera bien près d'être réalisé.

Législations étrangères.

En Angleterre, d'après une loi de 1872 : *On act of the better protection of infant life*, les personnes qui veulent nourrir et élever moyennant salaire un ou des enfants au-dessous d'un an, doivent en demander l'autorisation, à Londres au bureau métropolitain des travaux, dans les villes au Conseil municipal, dans les comtés aux juges de paix. Elle n'est accordée que si le postulant jouit d'une bonne réputation et si sa demeure est reconnue saine.

En Roumanie, un règlement communal a décidé la mise en application de la loi Roussel en faveur des enfants mineurs de six ans.

Aux Etats-Unis, les enfants au-dessous de trois ans sont placés chez des nourrices dont les dispositions et l'intelligence ont été préalablement appréciées, sous la surveillance d'officiers médicaux qui inspectent le nombre des chambres, leur propreté, la ventilation, la provision d'eau et de lait. Au premier symptôme de maladie, la femme doit télégraphier à l'officier médical ou en cas d'urgence faire venir son propre médecin.

SECTION V

ABANDON D'ENFANT

Protégé spécialement dès sa conception, puis au jour de sa naissance, et dans les moments qui la suivent, l'enfant l'est encore, tant qu'il n'a pas accompli sa septième année, contre un fait capable de mettre en péril son existence : l'abandon. Au-dessous de cet âge, la loi l'a pensé justement, sa faiblesse physique, le peu de développement de son intelligence ne lui permettent pas d'éviter les conséquences funestes de ce délit qui, sans avoir la gravité de l'infanticide, en est un dérivatif auquel beaucoup de parents malheureux sont tentés de recourir pour se débarrasser d'un fardeau rendu trop lourd par leur pauvreté.

L'abandon, que les Romains considéraient comme un homicide, consiste aujourd'hui à exposer et délaisser un enfant âgé de moins de sept ans. La peine varie suivant que le lieu d'abandon est solitaire ou non, selon la qualité des coupables, selon que l'enfant est demeuré mutilé ou estropié ou que la mort en est résultée. Dans les articles 349 à 354, le Code pénal prévoit deux cas d'abandon qui, différant au point de vue de leur suites, ont cependant certains points communs.

Conditions essentielles communes aux deux hypothèses.

Le premier élément requis pour constituer l'acte délictueux c'est que la victime n'ait pas dépassé sept ans. Plus âgée, elle est en état de donner des indications utiles sur sa famille, de retrouver les traces que l'on aurait voulu lui faire perdre, de réclamer les soins qui lui sont indispensables.

En second lieu, l'abandon punissable exige la simultanéité de deux faits matériels qui sont : l'exposition et le délaissement. Loin d'être synonymes, ces mots expriment au contraire des idées fort différentes. Il ne suffit pas que l'enfant ait été déposé dans un endroit autre que celui où il doit recevoir les soins nécessités par son état, quelle que soit d'ailleurs la nature du lieu, il faut encore qu'on l'y ait laissé seul, privé de toute assistance (1).

Par application de ce principe, n'est nullement répréhensible la mère qui dépose en présence des parents de son séducteur, devant leur maison, l'enfant né de ses œuvres (2).

Mais le délaissement existera toutes les fois que l'exposant se sera éloigné à l'approche de personnes étrangères sans s'assurer que l'enfant était recueilli par elles. Il a même été jugé que le fait de laisser un enfant la nuit à la porte d'un hospice et de se retirer après avoir sonné réunissait les éléments de l'abandon dans un lieu non solitaire. Exposition compliquée d'une cessation momentanée de soins, tel est le véritable aspect de ce délit.

D'innombrables décisions judiciaires ont ainsi déterminé la portée des articles 349 et 352 du Code pénal. Mais à ces solutions résultant d'une saine interprétation des textes, la Cour de cassation en a ajouté d'autres que nous ne saurions approuver. Ainsi, un arrêt de 1812 décide que dans le cas même où il n'y a pas eu délaissement, comme quand l'enfant a été mis dans un tour, la circonstance qu'il était légitime fait revivre l'infraction ! Que signifie la qualité de l'enfant, puisque les tours étant, par leur destination, l'objet d'une surveillance ininterrompue, le délinquant avait la certitude que des secours immédiats seraient donnés à ce petit être ? Peu importe qu'il soit naturel ou légi-

(1) Cassation 30 avril 1835. D. 1835. 1. 206. — Cour de Paris, 24 décembre 1883, *Gazette du Palais 1884*, Supplément 1. 17.

(2) Caen, 10 mai 1876, S. 1876. 2. 206.

time, la nature des faits ne change pas d'après son état et le danger est le même à l'égard de tous les enfants.

Ceci dit, examinons l'une après l'autre les deux phases de cette incrimination avec le *crescendo* de pénalités organisées à son sujet.

A. — Abandon dans un lieu non solitaire.

La répression varie suivant que l'abandon est fait dans un lieu solitaire ou dans un lieu non solitaire. A dessein, le législateur n'a pas déterminé le sens de ces mots, parce qu'il s'agit de questions d'espèce laissées à l'appréciation du juge. Si l'exposition a eu lieu dans un endroit fréquenté, on présume que « les auteurs de l'abandon ont voulu moins ôter la vie à l'enfant délaissé que faire perdre les traces de sa naissance[1]. » Ils ont été poussés à cette extrémité par le dénuement, non par l'*animus occidendi*. Leur seul désir est de remettre à la charité d'autrui les charges que la misère les empêche de remplir.

La force de cette présomption est telle que, même si l'inculpé avait voulu faire périr l'enfant en le délaissant dans un lieu non solitaire, l'incrimination ne changerait pas. La preuve de l'intention homicide obtenue soit par les aveux du coupable, soit par un écrit, serait non avenue. Car la loi ne punit pas la simple résolution de commettre un crime; elle n'intervient qu'au moment où l'on passe à l'exécution du projet.

Que dire si l'abandon a eu des conséquences funestes pour la santé ou la vie de l'enfant ? La question est discutée. D'après les uns, l'auteur indirect des accidents occasionnés par son action ayant sa responsabilité entièrement dégagée, les tribunaux ne pourraient aggraver la peine, sauf, dans un pareil état de choses, à appliquer à l'auteur du délit et à ses complices le maximum des peines prononcées par les articles 352 et 353. Il paraît difficile d'accueillir cette doctrine. Si le délinquant n'a

(1) Carnot. *Commentaire sur le Code pénal*, 319 et suivants.

pas à se préoccuper de ce que deviendra l'enfant abandonné, la protection particulière réservée aux sept premières années de la vie humaine est illusoire. Il serait vraiment trop commode de risquer, au pis aller, un an de prison pour un fait qui, par ricochet, aura entraîné la mort de la victime. Tirer de pareilles déductions des textes relatifs à l'abandon serait méconnaître l'esprit de sollicitude qui les anime et les taxer d'imprévoyance. Mieux vaut dire que seul le délit d'abandon envisagé, abstraction faite de ses suites possibles, est puni d'un emprisonnement de trois mois à un an et d'une amende de 16 à 100 francs. Les circonstances aggravantes qui se greffent sur lui n'ont d'autre effet que d'en modifier la qualification pénale. Par exemple, la mort survenue pendant le temps du délaissement, les blessures faites à l'enfant seront poursuivies comme homicide par imprudence, comme blessures volontaires.

Une disposition plus sévère régit l'hypothèse où l'enfant a été abandonné par ses tuteurs ou tutrices, instituteurs ou institutrices. La qualité de l'agent fait élever la peine au double : l'emprisonnement est alors de six mois à deux ans et l'amende de 25 à 200 francs. C'est qu'au délaissement se joint un véritable abus de confiance. Détournant l'enfant de la destination en vue de laquelle il leur a été remis, ils profitent de l'autorité et des droits attachés à leurs fonctions pour commettre plus facilement un acte d'inhumanité. Mais l'énumération des personnes passibles de cette aggravation est trop étroite. Ainsi elle laisse de côté les père et mère, qui sont au premier chef les tuteurs naturels de l'enfant. Cependant le délit prend un caractère exceptionnellement odieux dès qu'il a pour auteurs des personnes qui violent le devoir sacré que leur imposent la nature et la loi ! Un oubli aussi grave dans la rédaction se conçoit avec peine, mais on ne peut étendre par voie d'analogie des prescriptions pénales à des individus qui ne sont pas expressément désignés. Liés par les termes limitatifs de l'article 352, force nous est de reconnaître que ses rigueurs n'atteignent les père et mère qu'autant qu'ils ont la tutelle légale de leurs enfants.

La loi corrigée devrait aggraver la peine à l'égard de ceux à qui l'enfant a été confié d'une façon générale.

B. — Abandon dans un lieu solitaire.

« L'abandon dans un lieu isolé et solitaire dénote l'intention de détruire jusqu'à l'existence de l'être infortuné destiné à perdre la vie par un crime après l'avoir reçue par une faute. » En termes excellents, l'exposé des motifs nous fait connaître les raisons de la sévérité du châtiment infligé aux coupables de cette catégorie. Impossible cette fois de se méprendre sur leur résolution criminelle. Loin de tout secours, l'enfant délaissé courra mille dangers; ses plaintes resteront sans écho, ses appels sans réponse, et il mourra d'inanition ou par accident.

La solitude du lieu d'exposition n'a pas été et ne pouvait pas être l'objet d'une définition précise. Ce caractère dépendra des circonstances de fait variables à l'infini. Tel endroit fréquenté, une église, une place publique, deviendra un lieu solitaire la nuit. Cependant, un arrêt de Limoges [1] enseigne que c'est à la destination du lieu que l'on reconnait s'il est solitaire ou non; qu'on ne peut considérer une rue comme un lieu isolé; que l'exposition à la porte d'une maison et dans une rue ne pourrait être réputée faite en un lieu désert. C'est une erreur. La principale rue d'une localité, centre pendant le jour d'un va-et-vient continuel, est un endroit solitaire quand la circulation a cessé, quand les intempéries de la saison, ajoutant encore à l'horreur de l'abandon, diminuent les chances de secours.

De la complicité en matière d'abandon.

Avec l'auteur principal, la loi poursuit celui qui a donné l'ordre d'exposer l'enfant dans un lieu solitaire, si cet ordre a

(1) Limoges, 6 juillet 1838. D. 1839.2.29.

été exécuté. C'est là une dérogation à l'article 60 C. P., aux termes duquel les complices sont ceux qui, par dons, promesses menaces, abus d'autorité ou de pouvoir, machinations et artifices coupables, ont provoqué à commettre un délit. De cette rédaction il résulte bien qu'un simple conseil, une exhortation, si pressante qu'elle soit, à la perpétration d'un acte répréhensible ne suffisent pas à établir la complicité morale. Aux instigations doivent se joindre les dons ou abus d'autorité. Ici, on sort du droit commun. L'injonction, l'invitation suivie d'exécution constitue la complicité.

Cette addition à l'article 60 n'en modifie nullement les dispositions générales et n'exclut pas les autres modes. Les auteurs et donneurs d'ordres sont condamnés à l'emprisonnement de six mois à deux ans et à l'amende de 16 à 200 francs. L'article 350 corrélatif de l'article 353 frappe les tuteurs et instituteurs de l'enfant qui l'auront fait exposer par leurs ordres de deux à cinq ans de prison et d'une amende de 50 à 400 francs. En cas d'exposition dans un lieu non solitaire, celui qui a donné l'ordre ne peut jamais être poursuivi comme complice de ce chef.

Des suites du délaissement.

L'exposition est punissable même en l'absence de tout dommage à la santé de l'enfant. On a prévu l'éventualité, la possibilité du préjudice.

Supposons qu'un dommage a été causé; alors pas de discussion possible, le délinquant supporte les conséquences de son abandon. « Si par suite de l'exposition et du délaissement, prévu par les articles 349 et 350, l'enfant est demeuré mutilé ou estropié, l'action sera considérée comme blessures volontaires à lui faites par la personne qui l'a exposé et délaissé, et si la mort s'en est suivie, l'action sera considérée comme meurtre; au premier cas, les coupables subiront la peine applicable aux blessures volontaires, et au second cas, celle du meurtre ».

En délaissant l'enfant dans des conditions si périlleuses, le coupable pouvait prévoir les suites funestes auxquelles il l'exposait, et il ne tenait qu'à lui de l'en préserver. Les blessures susceptibles de motiver la peine de la réclusion doivent être permanentes; la maladie la plus longue, l'infirmité temporaire ne suffisent pas, il faut la mutilation ou des blessures entraînant l'atrophie ou la paralysie d'un membre.

Lorsque l'exposition est suivie de mort, la solitude du lieu devient une condition constitutive du crime assimilé au meurtre et punissable des travaux forcés à perpétuité.

Toutefois l'abandon mortel se distingue du meurtre en ce que la tentative de meurtre est punie comme le crime même et que le délaissement n'acquiert la même gravité que si la mort est arrivée. On ne suppose pas chez l'agent le dessein arrêté de faire mourir l'enfant, mais la volonté de l'exposer indirectement à une mort à peu près certaine.

Ces circonstances aggravantes sont inapplicables au cas de l'abandon dans un lieu non solitaire.

Législation de la Belgique.

Le Code pénal belge de 1867 a réalisé par la refonte complète des articles sur l'abandon de l'enfant des améliorations qui peuvent nous être d'un grand profit.

On va voir que le système français ne saurait un seul instant soutenir la comparaison avec la législation de nos voisins.

Abandon non solitaire.

CODE DE 1810	CODE BELGE
1° L'abandon comprend deux éléments : l'exposition et le délaissement.	1° L'exposition et le délaissement forment deux délits distincts punis avec la même rigueur.

CODE DE 1810	CODE BELGE
2° L'ordre d'exposition n'est pas punissable.	2° Il devient un acte de complicité réprimé même dans ce cas.
3° La peine est de trois mois à un an et une amende de 16 à 100 francs.	3° Le minimum de la peine est abaissé de trois mois à un mois pour la prison et augmenté de 16 à 26 francs pour l'amende.
4° L'énumération des personnes dont la qualité est une cause d'aggravation ne comprend que les tuteurs ou tutrices, instituteurs ou institutrices.	4° L'article 355 classe au nombre de ces personnes les père et mère légitimes et naturels et tous ceux à qui l'enfant a été confié.
5° La peine portée contre eux comporte un emprisonnement de six mois à deux ans et une amende de 25 à 200 francs.	5° L'emprisonnement peut être abaissé à trois mois, mais l'amende a pour minimum 26 francs (article 356).
6° Nous avons étudié la controverse que fait naître l'hypothèse de la mutilation ou de la mort de l'enfant abandonné dans un lieu fréquenté.	6° Quand les coupables sont des étrangers, l'emprisonnement va de six mois à deux ans et l'amende de 26 à 200 francs. Dans le cas prévu par l'article 353 (Code pénal 1810) un an à trois ans, amende 50 à 300 francs (art. 354). Si l'enfant est mort des suites de l'abandon commis par des étrangers, un an à trois ans, amende 50 à 300 francs. Dans le cas de l'article 353, deux ans à cinq ans, amende 50 à 300 francs.

Abandon solitaire.

CODE DE 1810	CODE BELGE
1. L'article 349 punit les auteurs de l'abandon solitaire de six mois à deux ans et d'une amende de 16 à 200 francs.	Article 358. — Seront punis d'un emprisonnement de six mois à trois ans et d'une amende de 50 à 300 francs ceux qui auront délaissé ou fait délaisser dans un lieu solitaire un enfant au-dessous de l'âge de sept ans accomplis.
2. S'il y a eu mutilation, l'auteur ou donneur d'ordre sera puni des peines qui frappent les blessures volontaires ou de meurtre.	Si le délaissement rend l'enfant mutilé ou estropié, les coupables encourent la réclusion ; en cas de mort, les travaux forcés de dix à quinze ans.

A côté de la loi belge, si prolixe, le laconisme du Code pénal semble bien un peu rudimentaire. Heureusement, dans la pratique, les délits de cette nature sont assez rares; tout au plus les tribunaux en jugent-ils cinquante par an. Le recensement de 1887 relate cinquante et une affaires poursuivies comprenant soixante-un prévenus ; cinquante-un ont été condamnés à un an de prison et moins, quatre à l'amende ; six ont été renvoyés des fins de la plainte.

SECTION VI

TRAVAIL DES ENFANTS EMPLOYÉS DANS L'INDUSTRIE

Légitimité de la réglementation du travail.

On ne conteste plus aujourd'hui le droit pour l'Etat de réglementer les conditions du travail que les enfants parvenus à un certain âge sont appelés à fournir en vue de la subsistance de la famille. Nés pour la plupart de parents besoigneux, ils deviennent de bonne heure des producteurs utiles qui accroissent dans la mesure de leurs forces les ressources du ménage, mais leur condition d'enfants pauvres est pour eux un danger. Ne vont-ils pas être victimes d'une véritable exploitation de la part des parents et aussi des patrons? Cela arriverait si l'on poussait trop loin le respect de la liberté du travail. Sans doute, comme l'a dit Turgot, « elle est la propriété la plus sacrée de l'homme et celle dont il importe de lui assurer la plus entière disposition », mais faut-il ajouter, aussi longtemps qu'elle ne dégénère pas en liberté homicide. L'intervention du gouvernement se justifie par des considérations humanitaires. Protecteur des faibles, il lui appartient d'empêcher que l'on impose aux enfants un travail meurtrier, sous prétexte de lui assurer du pain. A la coalition des parents et des chefs d'industrie il oppose son autorité tutélaire. La conscience publique lui fait un devoir d'accorder son patronage à ces jeunes générations ouvrières dont l'abus du travail compromet la croissance. Quoique déshérités de la fortune, ils n'en sont pas moins des membres du corps social, des citoyens dont l'existence a droit à des égards et à des ménagements.

Historique de la question.

Dès que la force motrice fut appliquée à l'industrie, les enfants occupés jusqu'alors dans les ateliers à titre d'apprentis devinrent de véritables ouvriers, concourant avec les adultes à la création de la richesse. Mais avec l'établissement des premières usines apparut la spéculation sur le travail des enfants : les patrons s'efforcèrent de diminuer le prix de revient en surmenant les enfants auxquels ils ne donnaient qu'un faible salaire. Ces abus provoquèrent bientôt dans les pays manufacturiers le vote de nombreux actes législatifs destinés à réglementer le mode d'emploi des enfants. A la date du 22 juin 1802, l'Angleterre fut dotée d'un bill présenté à l'agrément de la Chambre des Communes par l'un de ses membres, Robert Peel, et limitant à douze heures le travail des enfants dans les manufactures de laine et de coton. En Prusse, une ordonnance du 9 mai 1839, inspirée par le souci de favoriser le recrutement de l'armée, leur défendit tout travail de nuit dans n'importe quelle industrie.

A. Loi du 23 mars 1841.

Chez nous, à part un décret du 3 janvier 1813 qui défend aux enfants mineurs de dix ans de descendre dans les mines, il faut arriver en 1840 pour voir le législateur aborder ce difficile problème. Regardé comme une atteinte inexplicable aux principes de l'économie sociale et du droit civil, comme une violation de la liberté des conventions privées et de celle du père de famille, le projet de loi fut violemment attaqué au cours de la discussion.

Le fabricant, privé des ressources qu'il trouve dans le travail peu rétribué de l'enfant, ne pourra pas soutenir avantageusement la concurrence étrangère; la famille se verra privée d'un appoint pécuniaire qui n'en est pas moins utile, si maigre soit-il: telle était la thèse que d'éloquents orateurs défendirent à la Chambre des pairs et parmi les députés. A cette époque agitée par les utopies communistes des Fourier et des Saint-Simon, on ne craignit pas de reprocher à l'Etat de mettre en pratique le phalanstérisme.

Heureusement, l'examen de la situation misérable des enfants qui travaillaient quinze, seize, dix-sept et même dix-huit heures par jour détruisit la portée de toutes ces objections et détermina le vote de la loi du 23 mars 1841. En étendant son domaine à des faits régis auparavant par l'arbitraire, cette loi remédiait à de criants excès, mais était loin de combler toutes les lacunes. Ce n'était plus le règne du bon plaisir pour des patrons peu scrupuleux mais ce n'était pas encore la protection bienveillante et complète qui est due à l'enfance. Ainsi, elle ne s'occupait pas des filles mineures ni des apprentis, et sa surveillance ne s'étendait qu'aux manufactures, usines et ateliers à moteur mécanique et à feu continu et aux fabriques contenant plus de vingt ouvriers. L'admission à l'usine était permise à l'enfant de huit ans pendant huit heures par jour, c'est-à-dire à un âge trop tendre et pendant un nombre d'heures trop lourd pour ses forces. Mais son plus grand tort fut de ne pas organiser un service d'inspection capable de faire mettre ses prescriptions à exécution. A vrai dire, ce service avait été confié gratuitement à des agents d'origines différentes, aux inspecteurs primaires, vérificateurs des poids et mesures, ingénieurs des mines, mais il manquait d'unité de vues et de force d'action. Or, une loi n'est efficace qu'autant qu'elle a eu le soin d'assurer son application. Quant aux pénalités, d'une douceur excessive, portées contre les délinquants, elles consistaient en une amende de 1 à 15 francs, et de 16 à 100 francs en cas de récidive.

A plusieurs reprises, on songea à réformer une législation

aussi boiteuse. Sur la présentation du Gouvernement, un projet de loi fut voté par la Chambre des pairs le 21 février 1848; en 1850, le Conseil général du commerce et des manufactures s'occupa à nouveau de la question, mais les troubles politiques interrompirent ses délibérations. Cependant la loi du 22 février 1851 vint limiter le travail des apprentis et prohiber celui de nuit et du dimanche. Enfin en 1858, le Conseil d'Etat fut saisi d'un projet de loi relatif à la création d'inspecteurs salariés, et les importantes modifications proposées dès 1867 allaient aboutir quand survinrent les événements de 1870.

B. Loi du 19 mai 1874.

Depuis l'année terrible, il semble qu'un vent de protection ait soufflé aux quatre coins de l'Europe, inspirant à tous les Etats, sans distinction de forme politique, une émulation louable qui dirige leurs efforts vers l'amélioration du sort des enfants. Cette seconde partie d'un siècle positif et sceptique se distingue par son caractère essentiellement philanthropique. L'étude des questions relatives à la condition des classes pauvres passionne tous les esprits éclairés. En ce qui concerne spécialement le travail des enfants, ce sont encore les délibérations fécondes de l'Assemblée nationale qui nous ont légué sa réglementation définitive. Les solutions adoptées trente ans auparavant étaient à coup sûr empreintes d'une sagesse et d'une prudence dignes d'éloges, mais leur ensemble ne constituait pour ainsi dire que l'esquisse de ce que devait être la véritable législation protectrice des enfants et des filles mineures employés dans les manufactures. De nouvelles mesures s'imposaient contre les dangers inhérents aux travaux industriels; la loi du 19 mai 1874 qui les a créées sera un de ses plus beaux titres à la reconnaissance de l'humanité. A ce moment déjà, le point de savoir si l'autorité publique a le droit d'intervenir en matière d'industrie n'était plus sérieusement débattu, et l'on aurait eu mauvaise grâce à le faire après qu'un industriel même, M. Joubert, avait repris l'initiative du sujet à soumettre à l'Assemblée. Louis Blanc fit d'ailleurs une bonne fois justice de ces scrupules dans l'éloquent discours qu'il prononça au début de la discussion : « Si l'intervention de l'Etat est quelquefois absurde et funeste, il est des cas où elle est non seulement légitime mais nécessaire. Elle est nécessaire toutes les fois qu'au lieu de s'opposer au libre développement des facultés humaines, elle aide à ce développement ou écarte les obstacles qui les paralysent. L'Etat fait son devoir lorsqu'il défend d'infliger à l'enfant des pauvres un travail qui abaisse son intelligence, dégrade son corps et, faisant de lui le valet d'une machine, ne lui laisse le droit illusoire d'être libre qu'en lui enlevant le pouvoir de le devenir. »

Cette question de principe mise de côté, le législateur mena vite à bien l'œuvre de progrès social qu'il avait entreprise. Et d'abord, sous le nouveau régime, plus de restrictions ni d'exceptions. Les dispositions préservatrices actuellement en vigueur s'appliquent à tout travail industriel dans les manufactures, fabriques, usines, mines, chantiers et ateliers, quels que soient les modes de fabrication et le nombre d'ouvriers. La généralité des termes de l'article 1er embrasse toutes les personnes, toutes les situations : filles mineures, apprentis, enfants rentrent du même coup sous l'égide protectrice de la loi. Dans l'énumération des lieux soumis au règlement doit-on comprendre l'atelier dirigé par le père et dans lequel ses propres enfants sont placés? L'affirmative ne fait point de doutes : cette faveur exceptionnelle, qui n'est inscrite nulle part, aurait pour conséquence de désarmer la loi en présence d'un père chez qui les calculs égoïstes de l'intérêt domineraient les sentiments naturels. Fort de son autorité, peut-être en userait-il pour exiger de ses jeunes ouvriers un surcroît de fatigues qui nuirait à leur croissance. Si sa puissance ne sent pas de frein, à quels fâcheux abus pourra-t-elle se porter sans qu'il soit possible d'y remédier? Aussi bien que le patron, il peut, sollicité par les tentations du gain, oublier l'engagement qu'il a pris de ménager les forces de l'enfant, de lui éviter les lourdes corvées, et dès lors pourquoi échapperait-il plutôt que l'autre à une répression doublement méritée ? Il en est autrement dans le cas où l'enfant travaille dans la maison paternelle à côté de son père : alors la tutelle législative s'arrête au seuil du foyer domestique. Une prohibition de ce genre se fût mal justifiée ; autant eût valu défendre au père de transmettre aux siens les conseils de son expérience et de les dresser aux difficultés de sa profession. Tout en le laissant responsable des sévices qu'il commettrait à leur égard il était préférable de ne pas autoriser les recherches inquisitoriales de l'inspecteur au sein de la famille.

Que dire des travaux des champs ? Bien que le langage de l'économie politique range la culture de la terre sous l'expression générique d'industrie, il convient de l'excepter du cadre de la loi, les champs ne sont pas des chantiers ni des ateliers.

Le texte limitatif de l'article 1er touche-t-il aux travaux qui s'exécutent dans les maisons de charité, dans les orphelinats où les enfants recueillis font des ouvrages assimilables à ceux des ateliers. « La loi réglemente tous les établissements ayant le caractère d'une entreprise industrielle et dans lesquels le travail s'effectue en commun dans un but de spéculation (1). » Ici il s'agit d'ateliers de famille organisés dans des maisons de bienfaisance, et fonctionnant non en vue d'une spéculation, d'un bénéfice à réaliser sur les produits fabriqués, mais en vue de l'éducation professionnelle des enfants. La solution changerait si les pensionnaires de ces établissements charitables étaient assujettis à un travail de production d'objets destinés à la vente. Le tribunal de Cholet l'a jugé ainsi en condamnant la supérieure de l'établissement du Bon-Pasteur, prévenue de diverses contraventions à la loi de 1874. Sa décision, conforme à la pensée du législateur, a reçu l'approbation de la Cour suprême (2).

(1) Cassation, Chambre criminelle, 13 février 1881, *Journal du ministère public*, 24e volume.

(2) Cassation, 2 août 1883, *Journal du ministère public*, tome 31, article 3,081.

Ces développements nous ont permis de déterminer avec précision le champ d'application de la loi de 1874. Dans son article 2, elle fixe l'âge à partir duquel l'enfant sera admis au travail industriel ; ce sera en principe douze ans révolus ; toutefois, pour certaines industries spécialement déterminées, l'âge est abaissé à dix ans. Plus jeune, l'enfant n'a pas la force suffisante pour endurer la fatigue de l'atelier, en outre son instruction souffrirait s'il délaissait l'école trop vite.

La durée du travail de l'enfant a été limitée : en ce qui touche les enfants au-dessous de douze ans qui peuvent être occupés dans quelques industries, le travail ne dépassera jamais six heures par jour, divisées par un repos. Ce système du travail à demi-journée a été établi pour assurer le fonctionnement des usines qui exigent le concours simultané d'un ouvrier adulte et d'un enfant ; de cette façon, quand l'enfant a fait une tâche de six heures, il est relayé par un autre enfant dans son travail accessoire auprès de l'adulte. L'adoption de cette mesure n'alla pas sans de vives récriminations que la pratique a démontré fondées ; elle présente le défaut très grave d'apprendre un métier à un nombre d'enfants double de celui des ouvriers à remplacer par la suite ; encore n'est-il pas toujours possible de trouver dans une localité des enfants en assez grand nombre pour composer les relais qui doivent se succéder pendant la marche de l'usine. Nous ne parlons pas des difficultés que rencontrent les inspecteurs chargés de contrôler le temps de travail quotidien réellement fourni par chaque enfant.

A partir de douze ans, les enfants peuvent être employés pendant douze heures par jour divisées par des repos. Le travail de nuit entre neuf heures du soir et cinq heures du matin est interdit aux enfants de moins de seize ans et aux filles mineures de seize à vingt-un an, mais seulement dans les usines et les manufactures : le respect de la morale commandait ces exigences. Le travail du dimanche leur est également interdit, sauf dans les usines à feu continu, telles que les forges, les fonderies, les verreries, où il y a nécessité absolue d'entretenir le feu la nuit ou le dimanche. Enfin, aucun enfant ne peut être admis dans les travaux souterrains avant douze ans révolus : les filles et les femmes de tout âge sont exclues de ces travaux. Nous regrettons que le souci de la santé et de l'hygiène n'ait pas déterminé l'Assemblée à se montrer aussi rigoureuse sur ce chapitre que la législation prussienne qui défend l'accès des puits de mine aux mineurs de seize ans.

D'autre part, la loi qui se proposait la préservation et la moralisation de la jeunesse ouvrière n'a pas failli à son devoir. La sécurité et la santé des mineurs de seize ans sont largement sauvegardées par la défense de les employer aux travaux dangereux ou trop lourds indiqués dans les règlements d'administration publique, par leur éloignement des ateliers insalubres où l'on manipule des substances explosives, corrosives, vénéneuses et délétères, par les précautions prises pour les séparer des appareils mécaniques pouvant occasionner des accidents. Les patrons sont astreints aussi, sous des peines correctionnelles, de veiller à la bonne tenue de leurs établissements au point de vue de la décence et des mœurs. Il y a là une injonction formelle dont les chefs d'ateliers ne se pénètrent malheureusement pas assez. Dans notre région du Nord si industrielle, on ne se douterait pas qu'il existe un article 15 à voir l'insouciance coupable avec laquelle des directeurs de tissages, de filatures notamment, tolèrent le relâchement des mœurs de leur personnel. C'est un débordement d'impudeur et d'immoralité dû à la plus honteuse promiscuité. On ne saurait trop attirer l'attention des inspecteurs sur l'inobservation de cette importante prescription.

Pour assurer le bon fonctionnement d'une loi qui lèse, dans un but de protection, les intérêts matériels et pécuniaires de ceux-là qui sont tenus de l'observer, il fallait prendre garde que les patrons dont elle diminuerait le bénéfice et les parents dont elle restreignait le revenu n'arrivassent à la tourner. D'ailleurs, si la loi de 1841 était tombée en désuétude, c'est qu'elle avait négligé d'instituer une inspection capable de veiller sans relâche à son exécution.

Aussi, en 1874, le législateur créa partout, à côté d'une Commission supérieure et de Commissions locales un corps de quinze inspecteurs divisionnaires ayant entrée dans les ateliers et qualité pour constater les contraventions par des procès-verbaux faisant foi jusqu'à preuve contraire. Les infractions à la loi, bien que punies par les tribunaux correctionnels, ne sont cependant que des contraventions ou plus exactement des délits contraventionnels. Nous trouvons ici une dérogation à la grande distinction que fait l'article 1er du Code pénal entre les délits et les contraventions d'après la nature et la quotité des peines, dérogation créée pour arriver à réprimer certains faits dommageables en l'absence d'intention coupable chez leurs auteurs. Cette doctrine s'en prend à la matérialité de l'acte, abstraction faite de la bonne ou de la mauvaise foi de l'agent. Elle se justifie, à notre avis, par la nécessité d'atteindre un fait qui préjudicie à autrui alors même que l'exception de bonne foi pourrait être invoquée. Il y a faute, et cela suffit à expliquer l'intervention judiciaire. Aux contrevenants, le législateur inflige une amende de 16 à 50 francs qui peut s'élever jusque 200 francs en cas de récidive ; de plus, les tribunaux ont la faculté d'ordonner l'affichage du jugement et son insertion dans les journaux. Cette pénalité particulière à la législation française revêt par sa publicité à l'égard du condamné un caractère de flétrissure autrement grave que les amendes les plus considérables.

Une difficulté s'est présentée dans la pratique à propos du cumul des peines. Comme en matière de contravention l'article 365 du Code d'instruction criminelle reste inapplicable, les juges se sont demandé si les infractions à la loi du 19 mai 1874 comportaient l'application d'autant d'amendes qu'il y a eu, non seulement de personnes occupées dans des conditions irrégulières, mais encore de contraventions de natures différentes. A la date du 20 mars 1880, le tribunal de Mortain [1] a adopté cette interprétation erronée, selon nous. D'après les termes du

[1] 1881. *Journal du Ministère public*, tome 24.

paragraphe 2 de l'article 25, « l'amende sera appliquée autant de fois qu'il y a eu de personnes employées dans des conditions contraires à la loi, sans que son chiffre total puisse excéder 500 francs ». Peut-on dire plus expressément que le cumul des amendes ne doit être prononcé qu'au cas de pluralité de personnes? Qu'il y ait accumulation d'infractions dissemblables, peu importe; il appartenait au législateur ayant à réglementer une matière spéciale de prescrire, en ce qui touche le cumul des peines, telle disposition qui lui semblait opportune; or, l'article 25 ne permet pas la moindre hésitation.

Quelques années avant, un jugement du 12 janvier 1878 rendu par le tribunal des Andelys [2] faisait au contraire une équitable application de notre loi, en décidant que le fait d'avoir employé dans une usine des enfants de moins de douze ans sans qu'il fût établi qu'ils fréquentassent actuellement une école, donne lieu au prononcé d'une seule amende par chacun de ces enfants, encore bien qu'il s'y joigne le fait de les avoir employés pendant plus de six heures. Une seule amende par chaque personne et non par chaque condition irrégulière de son emploi : telle est la formule déduite du texte à laquelle nous nous rallions bien volontiers parce qu'elle est l'expression fidèle de la volonté de la loi.

Lorsque des poursuites sont imminentes, elles doivent être dirigées contre ceux qui ont la direction effective de l'établissement industriel au moment où la contravention est relevée. Ainsi, le chef d'usine n'encourra pas la responsabilité pénale des faits qui seront arrivés après qu'il avait chargé un directeur ou un gérant de l'administration momentanée de ses ateliers; seulement il sera responsable civilement des fautes de son subordonné.

C. Projet de loi actuel.

On ne saurait contester, sans être injuste, l'importance des améliorations que cette loi, dont les jours sont comptés, a

(2) 1879. *Journal du Ministère public*, tome 22.

introduites dans la réglementation du travail des enfants. Mais son principal mérite est d'avoir consacré l'application de principes économiques qui semblent constituer à cette heure le programme commun de toutes les lois ouvrières. A part cela, le législateur de 1874, entravé par les résistances d'école des théoriciens et les résistances d'intérêt des fabricants chez qui primait la crainte injustifiée de la concurrence étrangère, n'avait pu réaliser les innovations que commandait la situation. Aussi ses idées ont-elles vite vieilli devant le courant d'opinion universel qui parcourt l'Europe et les imperfections de l'œuvre se sont-elles révélées aussitôt sa mise en pratique. Le nouveau projet de loi élaboré en 1881, adopté par le Sénat en 1889 et tout récemment en deuxième délibération par la Chambre des députés, s'inspirant de cette maxime féconde que l'industrie doit être faite pour l'homme et non l'homme pour l'industrie, a fait bon marché des intérêts égoïstes du patron pour ne s'occuper que de l'intérêt général engagé dans la question. D'ailleurs, les Parlements des Etats voisins, tout entiers à la discussion des mesures protectrices du faible, ont donné le signal de la marche en avant, et la France se trouve presque la dernière à être dotée d'une loi de travail véritablement complète et généreuse. Plus général que la loi de 1874, le projet étend sa réglementation aux enfants, filles mineures et femmes employés dans les usines, manufactures, mines, minières et carrières, chantiers et ateliers et leurs dépendances, publics ou privés, laïques ou religieux, même lorsque ces établissements ont un caractère d'enseignement professionnel ou de bienfaisance. Sont exceptés uniquement les travaux exécutés dans les établissements où ne sont occupés que des membres de la famille sous l'autorité du père, de la mère ou du tuteur, et encore faut-il qu'il ne s'agisse pas d'établissements dangereux et insalubres et que le travail ne s'y fasse pas à l'aide de chaudière à vapeur ou de moteur mécanique.

Comme on le voit, l'article 1er paragraphe 1er soumet au droit commun les maisons de charité, les orphelinats, les ouvroirs qui donnent l'enseignement professionnel. Le procès retentissant fait à la supérieure du Bon-Pasteur à Cholet, où 427 contraventions furent relevées en un seul jour par l'inspecteur, avait mis à nu les défectuosités du régime de faveur sous lequel vivaient les établissements de ce genre. Désormais assimilés aux ateliers ordinaires, ils ne pourront plus, sous le couvert de la charité, tirer des pauvres abandonnés qui les habitent un surcroît de travail particulièrement blâmable. Seuls les ateliers de famille bénéficieront de l'exemption légale aussi longtemps qu'ils ne présenteront aucun danger pour l'hygiène et la santé de l'enfant.

Quelle que soit la nationalité des jeunes ouvriers qui composent le personnel des établissements industriels désignés dans la loi, ils pourront se réclamer au même titre que les Français des dispositions nouvelles. Cela est bien digne de la nation française, toujours facile aux enthousiasmes et aux mouvements du cœur, toujours dévouée au service des faibles par caractère et par tradition !

Afin de mettre la loi ouvrière en harmonie avec les exigences de l'enseignement primaire obligatoire qui fixe à treize ans le terme de la scolarité, nos représentants ont décidé que l'usine ne prendrait les enfants qu'à cet âge. Toutefois, la limite d'admission au travail industriel fléchira si l'enfant obtient à onze ans le certificat d'études primaires. La Chambre eût été mieux avisée en écartant systématiquement toute exception, comme elle l'avait fait lors de la première délibération. On peut craindre de voir l'enfant acquérir hâtivement les connaissances nécessaires au détriment de son développement physique. Il se rencontrera des parents qui, pour envoyer plus tôt leurs enfants à l'usine, formeront leur instruction en rien de temps ; on aura ainsi favorisé le surmenage intellectuel en voulant réagir contre le surmenage physique, et l'enfant, fatigué, étiolé par la veille, abordera le travail de l'atelier dans les conditions les plus fâcheuses pour sa santé.

Une des plus heureuses réformes de la loi projetée est la suppression du système des relais, du travail de demi-temps qui, étant inconciliable avec les heures de fréquentation des écoles, permet aux patrons d'employer en réalité des enfants de moins de douze ans à un travail de huit et dix heures par jour, en dépit des inspecteurs. Aux termes du nouvel article 3, l'enfant de treize à dix-huit ans sera admis au travail complet réduit à dix heures; jusqu'à seize ans il devra être muni d'un certificat d'aptitude physique délivré gratuitement par un médecin chargé de la surveillance du premier âge ou un médecin inspecteur des écoles. Beaucoup d'esprits, émus des conséquences terribles que la fatigue entraine pour les jeunes enfants obligés de vivre dans l'atmosphère viciée des locaux industriels, au milieu d'une température trop élevée et sans air respirable, proposaient d'interdire l'accès des fabriques aux mineurs de quatorze ans, comme cela a lieu en Suisse. Mais l'adoption de cette mesure, dont nous sommes partisan, eût rompu la concordance établie entre la loi du travail et celle de 1882. Libéré à treize ans de toute obligation scolaire, l'enfant livré à lui-même contracterait des habitudes d'oisiveté pendant l'année de repos forcé auquel on le soumettrait. Qu'à cela ne tienne: il serait facile de prolonger jusque quatorze ans la nécessité de suivre l'école pour ne pas compromettre la croissance de l'enfant par un travail prématuré.

Dans les orphelinats et institutions de bienfaisance qui donnent l'instruction primaire, l'enseignement manuel ou professionnel pour les enfants âgés de moins de treize ans ne pourra pas dépasser trois heures par jour.

Pas plus que les enfants, les filles mineures et les femmes n'auront la faculté de fournir un travail de jour supérieur à dix heures. Il semble que le législateur ait cherché à prévoir les causes directes et indirectes de nature à nuire à l'enfant. A voir les protestations violentes qu'à soulevées cette atteinte hardie portée à la liberté de la femme adulte, on comprend la gravité de la réforme, on sent qu'elle lèse bien des intérêts, qu'elle diminue bien des sources de profits, et l'esprit se demande si à ce point l'intervention de l'Etat se légitime. Pour nous, elle est conforme à la logique des faits ; la protection efficace de l'enfant ne peut aller sans la protection de la mère, sinon que vaudraient les dispositions tutélaires votées en faveur d'enfants anémiés et rachitiques de naissance ? Si la femme au lieu de ménager ses forces en vue de la maternité les use aux lourdes tâches de l'industrie, comment pourra-t-elle donner le jour à des enfants vigoureusement constitués ? N'est-ce pas à cet étiolement, résultat de l'épuisement de la mère, qu'il faut attribuer ce fait navrant constaté dans un canton du Nord, où le conseil de revision dût exempter cinquante-quatre conscrits avant d'en trouver un bon pour le service ! [1] Sans épiloguer sur de telles constatations, disons de suite que le respect exagéré du droit de la femme au travail ferait de nous à la longue une race débile, abâtardie.

Soucieuse d'entourer de toutes les garanties possibles la santé du nouveau-né, la Chambre avait d'abord décidé que les femmes accouchées ne pourraient être admises au travail que quatre semaines après leur accouchement, mais elle est revenue sur son vote en deuxième lecture.

Quant au travail de nuit, il sera interdit en principe aux enfants jusque dix-huit ans, et cette prohibition s'étendra aux femmes, sous les exceptions compatibles avec certaines nécessités industrielles. On ne saurait trop applaudir une réforme qui supprime les causes principales de désorganisation de la famille. Ajoutez à cela que l'obligation du repos hebdomadaire pendant un jour réunira autour du foyer les membres épars tout le reste de la semaine et qu'ainsi les liens d'affection se resserreront.

Enfin, les travaux souterrains sont interdits aux enfants de moins de treize ans : des règlements d'administration publique déterminent les conditions dans lesquelles ils sont permis aux mineurs de treize à dix-huit ans.

Mais le projet s'est surtout attaché à rendre l'inspection sérieuse, efficace et facile, pour éviter le retour des abus que la

(1) *Journal officiel*, séance du 6 juillet 1890, page 330.

loi de 1874 est impuissante à réprimer. Ce qu'on a redouté, c'est que les chefs d'ateliers ne réussissent, en tournant les dispositions légales, à exiger des enfants un travail au-dessus de leurs forces. A aucun prix, les inspecteurs ne doivent perdre de vue les enfants. Pour cela, leur contrôle est assuré par la production du livret remis aux parents par le maire, mentionnant l'état civil de l'enfant et les dates d'entrée et de sortie de l'atelier. L'affichage de la loi et des règlements des heures auxquelles commence et finit le travail, des heures et de la durée des repos, sera exigé. Le patron devra remettre à l'inspecteur un état de son personnel et des salaires. Les directeurs d'ouvroirs, d'orphelinats, d'ateliers de charité seront tenus de lui adresser chaque trimestre un état nominatif complet des enfants élevés dans ces établissements. Peut-être avec toutes ces précautions deviendra-t-il impossible aux industriels de soustraire les enfants à la protection de la loi. L'essentiel est que l'inspection, à l'aide des divers points de repère dont elle disposera, puisse suivre l'enfant à toute heure de la journée.

Le service de l'inspection qui est, pour ainsi dire, la cheville ouvrière de la nouvelle loi, demandait à être organisé d'une façon uniforme en France. A part quelques départements qui avaient voté les fonds nécessaires à la création d'inspecteurs départementaux, la grande majorité, soixante-six, cédant à des préoccupations mal comprises d'économie, n'avaient rien fait pour l'application de la loi. A l'avenir on leur imposera l'obligation de la dépense quand elle paraîtra justifiée par les intérêts industriels. De plus, par la création d'un poste d'inspecteur principal, la Chambre a manifesté sa volonté d'obtenir l'unité de vues et l'unité de direction qui faisaient défaut jusqu'alors. Chef du personnel, ce fonctionnaire mettra d'accord les diverses interprétations données aux règlements par ses subordonnés et rendra de cette façon leur action uniforme. La nomination des inspecteurs départementaux et divisionnaires appartient au Ministre du commerce.

Rien n'a été négligé pour assurer l'hygiène et la sécurité des travailleurs ; la ventilation des ateliers, la protection contre le machinisme, la propreté des locaux, une surveillance sévère des mœurs sont minutieusement prescrites dans les textes en discussion.

Lorsque, malgré les précautions prises, un accident suivi de blessure sera survenu, il devra faire dans les quarante-huit heures l'objet d'un rapport au maire de la commune, qui en dressera procès-verbal. A cette déclaration, le patron joindra un certificat médical indiquant l'état du blessé et les suites probables de l'accident.

Les articles 27 et 29 du projet édictent quelques aggravations de pénalités. L'amende, qui en cas de récidive est de 50 à 200 francs, se trouve élevée de 100 à 1,000 francs. Sera puni d'une amende de 100 à 500 francs quiconque fera une fausse déclaration relativement au personnel employé ; s'il y a récidive, l'amende sera portée de 100 francs à 1,000 francs. Le maintien de l'article 463 du Code pénal laisse les juges maîtres du quantum de la peine.

Telles sont, rapidement examinées, les mesures préventives que notre législation, soucieuse de l'avenir du pays, a édictées et celles qu'elle se propose de rendre obligatoires. Est-ce à dire que son œuvre ainsi perfectionnée coupera court à tous les dangers qui menacent les jeunes ouvriers ? Nous voudrions l'espérer ; un optimisme aveugle seul oserait y croire. La loi la plus parfaite ne saurait descendre aux détails infinis de la pratique ni embrasser les hypothèses innombrables de la question qu'elle régit. Pour arriver à la destruction des abus, il faut moins compter sur la sévérité du Code que sur la conscience des patrons. Le but sera atteint quand on pourra appliquer aux industriels français ce que M. de Freycinet disait des Anglais dans un rapport qu'il publiait à la suite d'une mission officielle dont il avait été chargé : « La loi s'exécute avec une ponctualité remarquable ; elle est universellement respectée des manufacturiers et, ce qui est mieux encore, elle est aimée d'eux. »

SECTION VII

EMPLOI DES ENFANTS A DES EXERCICES PÉRILLEUX

L'Assemblée nationale qui s'est attachée à compléter l'œuvre de protection de l'enfance commencée en 1810, a doté le pays de lois conçues toutes dans le but de combattre l'abandon, l'ignorance, la démoralisation. C'est de cet esprit que procèdent les réformes de 1874, qu'il s'agisse des enfants placés en nourrice, de ceux qui travaillent dans les manufactures, des mineurs de seize ans employés dans des professions ambulantes. La sauvegarde de l'âme va de pair avec celle du corps, et l'on s'est autant efforcé de préserver l'une des incitations délétères que de garantir l'autre contre les abus préjudiciables. A coup sûr, l'un des plus beaux titres de gloire du régime démocratique sera d'avoir mené à bien le mouvement protectionniste commencé dès 1874 et qui se continue de nos jours par le vote de lois empreintes de la plus louable sollicitude.

De quels enfants s'occupe la loi?

La loi du 7 décembre 1874 nous intéresse aux enfants qui, malgré leur jeune âge, sont contraints de participer au travail de la famille. Il en est une catégorie particulièrement misérable qui méritait d'attirer la bienveillance du législateur : ce sont les enfants des individus pratiquant les professions de saltimbanques, acrobates, charlatans, montreurs d'animaux ou directeurs de cirque. Le concours exigé d'eux n'expose pas seulement leur vie, mais il est encore une cause de perversité précoce.

Chaque jour, sur les places publiques, la curiosité est attirée par le spectacle de tout jeunes enfants se livrant à des exercices surprenants de désarticulation des membres, à des contorsions effroyables auxquelles ne se prête pas d'ordinaire l'élasticité du corps. On est révolté à la pensée du long martyre qu'ils ont subi pour devenir des phénomènes dignes de figurer dans ces exhibitions du champ de foire, pour faire l'apprentissage d'un métier qui ruine leur santé en même temps qu'il les dégrade ! Condamnés à mener une vie errante et vagabonde, ils se traînent à la remorque de leur barnum, sans autre horizon que la baraque témoin de leurs évolutions burlesques, sans autre espoir que d'échapper aux mauvais traitements, si la représentation a été fructueuse !

Le sort lamentable de ces malheureux justifie amplement le vote de la loi destinée à réprimer les monstruosités auxquelles ils sont en butte. Il s'est cependant rencontré des esprits éclairés pour s'élever avec énergie contre l'œuvre législative de l'Assemblée. Pourquoi, disent-ils, descendre ainsi à l'examen de questions qui ne touchent pas aux grands intérêts de la Société, qui ne concernent qu'un petit nombre de citoyens et qui ne peuvent être tranchées que par des dispositions forcément très étendues, très variées, si on veut qu'elles soient justes et bonnes. N'eût-il pas été sage de résister à la démangeaison de légiférer dans une matière qui relève du domaine de l'administration ? Pour de pareilles vétilles, un règlement préfectoral, un arrêté municipal suffisaient bien. Y pensez-vous, faire les honneurs d'une loi aux quelques milliers de déclassés vivant de l'aumône des spectateurs satisfaits de leurs tours de force ! Un tel langage semble dicté par une aveugle prévention contre les actes du pouvoir législatif. La seule raison plausible que puissent faire valoir les jurisconsultes parmi lesquels nous voyons les noms de MM. Duvergier [1] s'autorise de l'empiètement prétendu de notre loi sur le domaine administratif. Eh bien, qu'il nous soit permis de dire, sans vouloir en cela faire le procès de l'administration, que la façon dont elle a usé de ses pouvoirs exclusifs en cette circonstance motiverait à elle seule l'intervention du législateur. Alors que nous étions régis par les lois de 1833 et de 1837 qui armaient préfets et maires du droit de surveiller les exercices forains, l'indigne exploitation des enfants à laquelle la loi de 1874 apporte des entraves n'a jamais reçu la moindre atteinte ! L'administration, répond-on, a sommeillé ; les résultats changeraient si on la réveillait. Cet aveu est la propre condamnation de la théorie adverse. Il ne faut pas bercer l'espoir de voir l'autorité municipale intervenir dans les 36,000 communes de France avec un zèle capable de décourager l'ignoble industrie des saltimbanques. Elle a été négligente jusqu'à présent, elle le serait encore dans l'avenir ; ici, elle se montrera soucieuse de sa mission, plus loin elle fermera les yeux sur les abus dont souffrent les petits acrobates confiés à ses soins. Au lieu de cela, la loi générale, uniforme, sanctionnée par des pénalités sévères s'impose au respect de tous et partout.

Quant aux autres arguments présentés, ils sont tellement spécieux que les rétorquer serait superflu. Bornons-nous à dire que nous ne considérons pas comme quantité négligeable cette population de jeunes enfants qui se trouve aux mains des 12,000 individus vivant de ces métiers interlopes En suivant cette idée, on arriverait à établir l'inutilité de toutes les lois votées en faveur de chaque classe d'enfants placés dans des conditions spéciales : on ramènerait tout à l'administration-providence. Quoi qu'en pensent nos adversaires, les assemblées législatives sont dans leur rôle en s'occupant de questions que l'on voudrait faire résoudre par le préfet d'un département ou le maire d'une commune.

(1) *Collection des lois*, année 1874, tome 74.

Quels sont les exercices défendus?

Aussi soucieuse de la santé de l'âme que de la santé du corps, la loi due à l'initiative de M. Tallon englobe dans une même répression les actes qui compromettent l'avenir moral et l'existence de l'enfant. Trois délits exercent une action particulièrement démoralisante sur leurs victimes; l'emploi des enfants dans les représentations, leur abandon aux mains de vagabonds, leur emploi à la mendicité habituelle. Pour nous conformer au plan adopté au début de cette étude, nous n'étudierons pour le moment que la première de ces infractions, qui est un fait préjudiciable à la personne.

1° Exercices de dislocation.

Dans son article premier, la loi interdit à tout individu de faire exécuter par des enfants mineurs de seize ans des tours de force périlleux ou des exercices de dislocation. Il n'est pas nécessaire que les tortures infligées au corps des malheureuses créatures soient publiques pour exposer leurs auteurs à un châtiment. La nouvelle protection eût été illusoire si elle n'avait pas atteinte les séances préliminaires de dressage qui préparent les sujets à paraître devant la foule. Evidemment, personne n'est témoin des mauvais traitements par lesquels ils ont passé dès leur plus jeune âge. Cette souplesse qui fait l'étonnement du public n'a été acquise qu'au prix de mille souffrances, de mille cruautés dont seule une constitution solide a pu triompher.

Au lieu de soins affectueux, ces petits êtres ont enduré les brutalités d'un maître cupide. Combien en est-il qui, trop faibles pour subir cette déformation de leurs membres, meurent à la tâche avant d'avoir mérité d'être offerts en spectacle? Chacun doit donc applaudir sans réserve à la prohibition absolue d'un emploi aussi abusif des forces humaines. Parents et étrangers se voient refuser le droit d'exercer impunément de pareils sévices ; les uns et les autres se rendent passibles d'un emprisonnement de six mois à deux ans et d'une amende de seize à deux cents francs s'ils désobéissent à la loi. L'application de l'article 463 permet de mitiger la rigueur de ces pénalités.

Pour la première fois apparaît nettement sanctionnée une restriction aux excès que des parents se croyaient autorisés à commettre par la nature et la loi. « Il ne s'agit plus ici, s'écriait à ce sujet le rapporteur, de liberté du travail, de puissance paternelle, ces hautes garanties de la condition sociale de l'homme, mais uniquement de la condamnation d'abus révoltants dans un intérêt d'ordre public [1]. »

Toutefois, une voix autorisée s'est élevée pour combattre au nom du principe de l'autorité paternelle la suppression des exercices de dislocation. Ce mot s'entend de la gymnastique dee ligaments articulaires, parallèle de la gymnastique musculaire, disait en substance M. Chevandier. L'une est aussi légitime que l'autre, car elle tend à entretenir chez l'enfant l'élasticité voulue pour la profession à laquelle on le destine. A cela on a répondu que la dislocation, en contrariant le développement physique de celui qui en est l'objet, sert à alimenter cette vilaine industrie des acrobates basée sur l'exploitation des enfants-phénomènes. Le soin de distinguer les exercices incriminés de ceux qui rentrent dans l'éducation de la jeunesse, il appartiendra aux tribunaux : une formule législative ne saurait avoir la prétention d'énumérer limitativement tous les cas tombant sous l'application de la loi ; c'est avant tout une question de fait du domaine de la jurisprudence.

D'autre part, il est inadmissible qu'un père de famille, si nécessiteux qu'il soit, puisse vouer son enfant à un métier abject et immoral. Il n'a pas le droit de lui imposer la profession dont il vit à peine et de perpétuer ainsi une race de clowns ou de bateleurs. La loi vient avec raison le rappeler au

(1) Séance du 4 mars 1874, *Journal officiel*.

respect des obligations inhérentes à sa qualité, puisqu'il outrepasse son droit en transmettant sa condition misérable à un enfant qu'il eût dû diriger dans la voie du travail et de l'honnêteté.

Mais la prohibition des exercices de dislocation jusqu'à l'âge de seize ans équivaut à la suppression complète des saltimbanques, car à cet âge l'apprentissage serait dangereux. Cette objection est vraie, et l'on peut regretter que le législateur n'ait pas édicté formellement cet ostracisme, d'autant que c'était là son secret désir. Malgré les raisons qui justifiaient le système en vigueur, il n'en reste pas moins qu'ainsi réduite la protection de la loi est une demi-mesure. A seize ans, l'enfant est loin de savoir se guider, d'avoir le discernement capable de lui indiquer le chemin à suivre et de l'éloigner d'une profession à laquelle il est invinciblement condamné par le besoin. Bien plus, on peut se demander si l'homme, même en pleine possession de sa raison, est maître de sa destinée au point d'exposer sa vie pour le plus grand plaisir d'une foule « qu'anime l'attrait féroce qui poussait les païens vers les jeux du cirque et les combats de gladiateurs [1] ».

Nous eussions préféré une loi défendant à tout le monde, quel que soit l'âge, les exercices dangereux. Mais la crainte d'attenter à la liberté individuelle a retenu la Commission. « Libre à chaque homme disposant de sa personne, arrivé à l'âge de raison, de choisir un métier qui flatte sa paresse ou ses vices. » Une telle considération ne devait pas prévaloir ; il y a une question d'intérêt supérieur que ne saurait primer l'immoralité d'un citoyen. Il n'y a pas plus de raison de tolérer les acrobates que les mendiants.

2° Tours de force périlleux.

L'enfant qui n'a pas péri brisé par les fatigues et les douleurs au cours de son triste apprentissage est produit en public dès

(1) Séance du 7 décembre 1871, *Journal officiel*. Discours de M. de Melun.

qu'on le croit suffisamment en possession de ce talent singulier qui sera le gagne-pain de la bande à laquelle il appartient. S'il a survécu aux mauvais traitements, il n'a même pas gagné le droit de vivre à ce métier sordide. Quotidiennement, pendant les spectacles auxquels se presseront des spectateurs avides de dangers, ses jours vont être exposés. C'est aux imprudences qui lui seront commandées que s'en prend la loi. Elle érige en délit l'emploi à des exhibitions où il risque de trouver la mort.

Sur ce point, a-t-on dit, les dispositions législatives font double emploi avec les articles 319 et 320 C. P. Si un accident arrive à la suite d'un tour de force, le directeur du spectacle sera poursuivi pour homicide ou blessures par imprudence, selon que la victime mineure de seize ans se sera tuée ou seulement estropiée. Il y a là une confusion évidente. L'article 319 est simplement répressif; il suppose le mal fait. L'article 1er de la loi est au contraire préventif. Le juge correctionnel décidera à l'avance ce qui est périlleux, ce qui caractérise l'imprudence dans le tour de force, au lieu de le dire après, comme dans l'hypothèse de l'article 319.

Depuis 1874, on peut dire que la sécurité des personnes durant les premières années de la vie est efficacement protégée. La loi veille sur les infortunés que le basard de la naissance a placés sous la dépendance d'individus qui les exploitent au péril de leur vie.

CHAPITRE II

Délits contre l'état civil.

SECTION I

SUPPRESSION D'ÉTAT

Pour assurer à l'enfant la conservation de son état civil, c'est-à-dire de l'ensemble des droits de famille et de cité qui s'attachent à sa personnalité dès la naissance, le législateur vota une section spéciale dont la rubrique semble embrasser toutes les infractions susceptibles de compromettre cet état. Des causes diverses peuvent amener ce résultat : une fraude criminelle, une négligence calculée, une simple omission détruisent ou altèrent la preuve de l'existence civile d'une personne, sans compter que la plupart du temps elles sont provoquées par le désir de soustraire à la connaissance de la justice un attentat contre ses jours. Mais les formes multiples que peut revêtir le crime qui vise l'enfant dans ses rapports avec sa filiation n'ont pas été toutes prévues, il s'en faut de beaucoup, par le Code. Les expressions de l'article 345, loin de constituer une énumération complète des cas de suppression, ne spécifient que les plus fréquentes. C'est là une lacune regrettable due à cette circonstance que l'on a voulu éviter la prolixité des lois portées par l'ancien droit sur la matière ; la peur de trop préciser a fait que l'on n'a point précisé assez.

Faits qui entraînent la suppression d'état.

Le délit peut se produire de deux manières : en empêchant la preuve de se manifester ou en la détruisant *ex post facto*. Il ne peut s'agir évidemment que de la preuve résultant des titres ou de la possession d'état, puisque celle par témoins ne se prête pas à une suppression. Ou bien le coupable se propose de cacher au corps social la naissance de l'enfant en faisant disparaître sa personne, ou bien il veut bouleverser son état et l'enlever à sa famille véritable en lui attribuant une fausse filiation. Les moyens d'exécuter le crime ne manquent pas. Citons le faux commis au moment de la rédaction de l'acte de naissance, les déclarations mensongères faites à l'officier de l'état civil, les altérations apportées aux mentions essentielles de l'acte : dans tous les cas, il y a suppression d'état, même si l'enfant a la possession de son véritable état. Comme le titre, l'acte authentique est la meilleure preuve de la filiation, il prévaut contre la possession d'état si elle ne lui est pas conforme.

L'inscription de l'acte sur une feuille volante, la destruction des registres, l'omission de déclaration de la naissance ne sont des délits qu'autant que la victime n'est pas en possession de son état.

Enfin, le recel, la suppression d'enfant, la substitution d'un enfant à un autre, la supposition de part empêchent la possession d'état de naître et détruisent la preuve de l'état, parce que la filiation n'est pas contestée par un acte de naissance.

Eléments constitutifs du crime.

Trois éléments sont nécessaires pour constituer le crime de suppression d'état. Il faut : 1° le fait matériel de la dissimulation opérée avec ou sans déplacement de la personne de l'enfant ; 2° l'intention d'arriver ainsi à la destruction de son état civil ;

3° que l'enfant supprimé soit né vivant. Cette troisième condition ne soulève plus de controverses aujourd'hui. Par enfant, la loi n'a certainement pas voulu désigner l'être mort-né ou non viable qui ne transmet aucun droit et n'a pas d'état. C'est seulement en faveur d'un enfant vivant qu'ont été organisées les mesures de nature à imposer son état au respect de tous. Telle est d'ailleurs l'opinion que la Cour de cassation a consacrée dans un arrêt rendu, toutes Chambres réunies, le 1er mai 1836 :

« Considérant que l'article 345 du Code pénal n'embrasse dans la généralité de ses expressions que les cas divers où l'état d'un enfant, c'est-à-dire d'un être vivant, peut être changé, modifié, supprimé ; que la sollicitude du législateur s'explique à cet égard par la nécessité de conserver et de défendre contre de coupables tentatives la position que chaque individu reçoit dans la société par le fait de sa naissance, les droits que l'existence lui confère ou qu'il transmet par son décès, mais que toujours *il y a présomption préalable et indispensable de vie....* »

La protection de l'article 345 § 1 ne s'étend pas à tous les mineurs de vingt-un ans ; le bon sens dit d'en réserver le bénéfice à l'enfant trop jeune encore pour retrouver par lui-même la preuve de son état civil.

Les faits incriminés ne seront passibles de la réclusion que s'ils ont compromis l'état de l'enfant. L'existence du préjudice engendre le caractère criminel de l'acte. Carnot a très nettement résumé les conséquences des faits attentatoires à l'état civil : « Supprimer l'état d'un enfant, l'enlever à sa famille naturelle, c'est l'assassiner moralement ; supposer la naissance d'un enfant à une femme qui n'est pas accouchée, c'est introduire un voleur dans la famille ; substituer un enfant à un autre, c'est se rendre coupable d'un double crime, puisque c'est faire éprouver un changement d'état aux deux enfants[1]. »

La suppression est indirecte et accessoire dans les cas de recel ou de suppression d'enfant, le délit contre l'état n'existant que virtuellement dans l'attentat envers la personne. Elle est directe

(1) Carnot, *Observations sur le Code pénal*, article 345.

au contraire quand il y a substitution ou supposition. Une femme simule une grossesse, puis au moment de l'accouchement s'attribue l'enfant d'une autre femme ; des personnes sans enfant en présentent un étranger comme issu de leur mariage ; une nourrice au lieu de rendre à la mère son enfant lui substitue l'enfant d'une autre ; toutes ces espèces créent une filiation frauduleuse à un enfant dans son acte de naissance ou plutôt suppriment son véritable état.

En cette matière, le civil tient le criminel en état.

Aussi longtemps qu'une question d'état n'a pas été définitivement jugée par les tribunaux civils, l'action criminelle contre le délit de suppression ne peut être introduite. En dérogeant ainsi au principe de l'indépendance de l'action publique, le législateur a voulu éviter que les preuves admises en matière pénale servissent à trancher des difficultés qui intéressent la constitution de la famille. Mais l'article 327 du Code civil, à raison de ses dispositions exceptionnelles, ne devra être invoqué que si la filiation d'un enfant est en jeu. Son exposition, la suppression de sa personne ne justifieraient pas la subordination de la poursuite au réglement de la question civile, parce qu'elles ne s'attaquent nullement à l'état.

SECTION II

NON-REPRÉSENTATION DE L'ENFANT

L'article 345 *in fine* prévoit l'abus de confiance dont se rend coupable la personne qui, ayant été chargée de la garde d'un enfant, ne peut le représenter ni dire ce qu'il est devenu. Il faut une séquestration commise au préjudice des parents, qu'elle ait eu ou non pour but de nuire à l'état de l'enfant. Très souvent, du reste, cet état dûment constaté par des actes ne courra pas de risques. La gravité du délit que l'on punit de la réclusion tient à la qualité de dépositaire chez l'agent.

Il y a également infidélité punissable de la part de celui qui porterait à l'hospice un enfant mineur de sept ans que les parents auraient confié à ses soins. Un tel abus de confiance expose son auteur à un emprisonnement de six semaines à six mois et à une amende de 16 à 50 francs. Toutefois, si aucun engagement n'obligeait cet individu de pourvoir gratuitement à la nourriture et à l'entretien de l'enfant et si personne n'y avait pourvu, il serait légalement excusable.

SECTION III

DÉFAUT DE DÉCLARATION DE NAISSANCE

C'est pour punir la suppression d'état qui résulterait du défaut de constatation d'un fait matériel que le Code astreint certaines personnes à déclarer à l'officier de l'état-civil la naissance des enfants. L'article 346 C. P. renferme la sanction pénale des obligations inscrites dans les articles 55 et 56 du Code civil. Toute personne qui ayant assisté à un accouchement ne le fera pas connaître dans les trois jours au maire de l'endroit sera puni d'un emprisonnement de six jours à six mois et d'une amende de 16 à 300 francs. Il est indifférent que cette infraction ait pour mobile une pensée criminelle ou une simple négligence : on ne veut pas que la sûreté de la personne et la conservation de l'état de l'enfant soient à la merci d'une omission.

Quelles sont les personnes tenues de faire la déclaration ?

Les prescriptions que nous étudions, prises isolément, semblent frapper les seules personnes présentes à l'accouchement. Mais si on les rapproche des textes du Code civil, on voit que la déclaration incombe en première ligne au père, et à son défaut aux docteurs en médecine, sages-femmes, officiers de santé ou autres personnes témoins de la naissance.

1° La mère est accouchée au domicile conjugal. Alors le père est tenu d'abord ; s'il est absent de chez lui, l'obligation passe aux assistants sans qu'il y ait lieu d'observer l'ordre successif dans lequel les classe l'article 56. Chacun est responsable de son oubli, mais tous seront déchargés du moment ou l'un d'eux aura rempli cette formalité.

2° Quand la femme accouche hors de chez elle, la déclaration doit être faite par la personne chez qui elle est accouchée, à l'exclusion de toute autre, dit le Code civil. Ceci n'est plus vrai depuis l'existence de l'article 346 C. P. En effet, d'après la loi civile, la déclaration doit émaner de la personne au domicile de laquelle la mère a accouché, alors même qu'elle n'aurait point été là. Or, la condition essentielle du délit étant la présence à l'accouchement, il pouvait arriver que l'omission de la déclaration restât impunie lorsque la naissauce de l'enfant se produisait chez des étrangers absents justement en cet instant. L'article 346 a eu pour effet d'étendre l'obligation à tous les assistants. Ceux-ci sont donc tenus à la déclaration concurremment avec la personne chez laquelle est né l'enfant. Vainement cette dernière alléguerait, pour s'affranchir de l'obligation, que le père, absent à l'heure de l'accouchement, est revenu assez tôt pour faire la déclaration dans les délais utiles ; le père, dans le cas d'accouchement chez un tiers, n'est personnellement tenu de déclarer la naissance qu'autant qu'il y a assisté [1].

(1) Cassation 1863. — Sirey, 63.1.276.

C'est du seul fait de l'accouchement que la loi exige la divulgation. Il est aisé de comprendre que les tiers témoins par hasard d'une naissance peuvent se trouver dans l'impossibilité de fournir des renseignements précis sur la filiation du nouveau-né. Tout danger de suppression disparaît d'ailleurs dès que la vie est officiellement constatée.

Enfin, la déclaration faite postérieurement aux délais préfixes indiqués par la loi serait irrégulière et non avenue. Il faut donc qu'elle ait lieu dans les trois jours qui commencent à courir le lendemain de l'accouchement et aussi devant l'officier de l'état-civil du lieu de la naissance.

L'article 347 C. P. punit des peines correctionnelles portées au précédent article la personne qui, trouvant un enfant nouveau-né, ne le remet pas à l'officier de l'état-civil chargé de le confier à l'assistance publique, une fois les circonstances de sa découverte relatées dans un procès-verbal.

CHAPITRE III

Délits contre les mœurs.

SECTION I

VIOL ET ATTENTAT A LA PUDEUR AVEC VIOLENCE

Définition et caractères.

Odieux quand ils sont commis sur des adultes, ces crimes deviennent monstrueux lorsque les victimes sont des enfants dont ils salissent la pureté, blessent la pudeur et meurtrissent le corps. S'attaquant lâchement à l'enfant, leurs auteurs ne craignent point de recourir à la contrainte pour satisfaire les emportements d'une ignoble lubricité. Aussi de telles infractions puisent une juste aggravation dans l'âge de celui que sa faiblesse expose particulièrement au danger. C'est à cette augmentation de peine que se borneront nos explications, parce qu'elle fait partie du système de protection spéciale organisée en faveur des enfants. Nous aurions pu faire figurer au chapitre des délits contre la personne les plus grands des attentats qui puissent outrager les mœurs à cause de leur caractère distinctif qui est l'anéantissement de la liberté d'autrui, la brutalité mise en œuvre pour vaincre la résistance et que de plus ils ont presque toujours pour conséquences de graves altérations de la santé. Seul le désir de respecter les classifications généralement admises nous a décidé à les ranger sous la rubrique portée en tête de cette section.

Pour les définir exactement, il est nécessaire de tenir compte à la fois des éléments juridiques et des signes physiologiques propres à chacun d'eux. Le viol consiste dans un rapprochement sexuel consommé par force avec ou sans défloration de la femme qui le souffre et contre sa volonté. On reconnait cet acte au résultat visé, le commerce charnel. Au contraire, l'attentat à la pudeur comprend tous actes violents de nature à outrager la pudeur de l'un ou de l'autre sexe. A la différence du viol qui, pour être qualifié tel, exige la conjonction illicite et imposée, ce crime résulte des violences obscènes exercées, quel que soit le dessein de l'agent, qu'il les ait accomplies pour satisfaire le désir de ses sens, ou sous l'influence d'un mobile comme la haine, la vengeance, la curiosité.

La contrainte peut être physique ou morale.

Circonstance essentielle de l'incrimination, la violence doit-elle toujours être matérielle ? La jurisprudence et les commentateurs s'accordent à reconnaître que le terme indéfini dont se sert l'article 331 du Code pénal s'applique aussi bien aux violences morales qu'aux violences physiques. Du moment où les manœuvres employées réussissent à annihiler le consentement, dès que l'esprit et la personne de la victime en ressentent une impression si profonde qu'ils deviennent incapables de repousser l'attentat, la criminalité de l'acte est certaine. Au lieu, par exemple, d'engager avec elle une lutte dont l'issue serait douteuse, le coupable la terrorise par des menaces de mort ou abuse d'elle après lui avoir administré un narcotique ou suggéré le sommeil hypnotique : dans toutes ces hypothèses, il commet un viol. Il faut même aller plus loin et dire que la violence comprend en général les moyens frauduleux qui écartent la participation de la volonté et « rendent la personne complice, bien que le cœur reste innocent ».

De la tentative.

La tentative de viol ne peut exister que si elle se proposait l'union sexuelle; par sa nature comme par la peine qui la frappe, elle se différencie de l'attentat à la pudeur, susceptible d'être commis sans que l'on ait eu en vue l'assouvissement d'une passion. Longtemps la Cour de cassation vit dans la tentative de viol un attentat violent à la pudeur, punissable en dehors des caractères relevés en l'article 2 du Code pénal. Elle a cependant une physionomie *sui generis*, car, quoique contrariée dans sa perpétration, elle se propose plus qu'un outrage, elle tend à un dommage matériel. Depuis la loi du 28 avril 1832, une seule interprétation reste possible : elle est un crime puni des travaux forcés à temps quand, manifestée par un commencement d'exécution, elle n'a manqué son effet que par des circonstances indépendantes de la volonté de son auteur.

De son côté, l'attentat à la pudeur simplement tenté est assimilé à l'attentat consommé, pourvu qu'il y ait eu violence. Ici peu importe l'effet; dès qu'il y a eu commencement d'exécution, le crime existe et dans les deux cas l'article 331 § 3 prescrit la peine de la réclusion.

Circonstances aggravantes tirées de l'âge de la victime.

Supposons maintenant que l'élément constitutif commun au viol et à l'attentat, la violence, se combine avec la circonstance aggravante tirée du jeune âge de la victime. Alors le législateur met au prix d'un châtiment implacable l'accomplissement d'un crime rendu plus facile par l'inexpérience de l'enfant mineur de quinze ans. Au-dessous de cet âge, « l'emploi de la force, dit » l'exposé des motifs, est d'autant plus révoltant qu'il offre » une violation de l'instinct même de la nature et un abus de

» l'ignorance autant que de la faiblesse de la victime. » L'âge de l'enfant et son état physique le rendent incapable de donner son consentement. C'est pourquoi le viol commis dans ces conditions entraîne le maximum des travaux forcés à temps, vingt ans, et l'attentat à la pudeur la peine des travaux forcés à temps (art. 332). La seule considération de l'âge élève la répression d'un degré.

Cette marque de protection extraordinaire mise à part, le législateur n'accorde à l'enfant que les garanties dont jouissent les autres personnes à l'occasion des attentats aux mœurs commis sur elles dans les cas de l'article 333 du Code pénal. C'est le droit commun qui s'applique au mineur de quinze ans comme aux autres citoyens quand l'agresseur est un ascendant ou appartient à la catégorie des individus ayant sur lui une autorité de fait ou de droit, ou s'il s'est fait aider dans son crime par des complices. Les raisons de cette assimilation sont décisives. La plupart du temps, pour ne pas dire toujours, que le coupable soit le père ou le beau-père, l'instituteur ou le précepteur, la victime sera un enfant au-dessous de quinze ans. Sa faiblesse physique, l'ascendant auquel il obéit permettent à l'agent d'arriver facilement à ses fins. D'un autre côté, telle est la gravité de la peine portée contre le viol et l'attentat perpétrés avec les aggravations énumérées dans la loi qu'il eût été impossible de se montrer plus rigoureux par faveur pour l'enfant. Les rédacteurs du Code eussent été des terroristes s'ils avaient décrété la mort dans ce cas particulier. C'était cependant la seule extrémité qui s'imposait, puisque l'article 333 prononce les travaux forcés à perpétuité.

La législation des attentats aux mœurs serait parfaite si une rédaction explicite imitée de l'article 373 du Code belge venait consacrer l'extension donnée par les arrêts au sens du mot violence. Chez nos voisins, le viol existe, soit qu'il ait été commis à l'aide de violences ou de menaces graves, soit par ruse, soit en abusant d'une personne qui, par maladie, par l'altération de ses facultés ou par une autre cause accidentelle, avait perdu l'usage de ses sens ou en avait été privée par quelque artifice.

En Belgique, en Allemagne et en Hongrie, la protection de l'enfant cesse à quatorze ans.

Malgré les rigueurs déployées par le Code à l'encontre des crimes contre les mœurs, leur fréquence n'a subi un abaissement notable qu'en 1887, époque à laquelle les statistiques constatent une diminution de 23 0/0 par rapport aux années précédentes. Les nombres moyens de viols ou d'attentats de toute nature sur les enfants s'espacent ainsi :

De 1876 à 1880	791
De 1881 à 1885.	695
En 1886	634
En 1887	580

Encore cette médiocre amélioration n'est elle que fictive et tient à l'habitude qu'ont prise les tribunaux de « correctionnaliser » la majeure partie des attentats. Effrayés par l'impunité dont le jury couvre trop souvent les forfaits de ce genre, ils distraient les accusés de leurs juges naturels et dépouillent les faits incriminés de leurs caractères aggravants afin de pouvoir se rendre compétents. La peine, si douce qu'elle soit, n'aura pas du moins les effets désastreux de l'acquittement en Cour d'assises. Il y a là un fâcheux état de choses, imputable uniquement à la composition défectueuse de la juridiction criminelle.

SECTION II

ATTENTAT A LA PUDEUR SANS VIOLENCE

Historique.

Le Code pénal de 1810, par un oubli difficile à expliquer, n'avait pas incriminé les actes immoraux auxquels on décidait l'enfant à se soumettre. En dehors de l'attentat violent il n'y avait pas de répression ; l'enfance était laissée à la merci des individus qui, sans tenir compte de la réserve que commande la chasteté de sa pensée, emploient tous les moyens pour obtenir sa participation à de honteuses pratiques. Arracher de son ignorance un consentement vicié, de sa volonté encore incapable de discernement un concours inintelligent, initier son âme vierge aux turpitudes les plus révoltantes, tout cela était permis ouvertement, cyniquement. L'œuvre de corruption pouvait s'achever avec la complicité muette des textes. Alors qu'il réglementait si sévèrement l'attentat à la pudeur dans le cas où il était accompagné de violence, c'est à-dire dans des cas relativement rares, le législateur perdait de vue que la généralité des attentats commis sur les enfants ne se compliquent d'aucune contrainte matérielle. Et cependant, l'exemple des législations anciennes aurait dû le prémunir contre ce manquement à la protection que l'enfance attendait de lui. *Stupri flagitium punitur cum quis sine vi virginem stupraverit :* Ce principe de la loi Julia avait sa place toute marquée dans le Code français.

C'est en 1832, en présence des progrès croissants de l'immoralité, que l'on vota le texte de l'article 331 du Code pénal. Il fixait à onze ans l'âge au-dessous duquel une présomption irréfragable de violence entacherait les manœuvres exercées en vue de corrompre l'enfant. Les suggestions habiles d'un séducteur auraient beau jeu sur un esprit indécis et inexpérimenté. En effet, durant les premières années de la vie, l'enfant, dont les facultés intellectuelles dorment encore, n'est pas à même de résister aux sollicitations criminelles, aux promesses captieuses et de comprendre l'immoralité de l'aide qu'il prête aux désirs dépravés d'autrui. C'est d'ailleurs sur son inconscience que tablent ces hommes qui ont le triste courage d'altérer sa pureté pour l'amener à se souiller au contact de la débauche. Malgré les mesures de répression introduites dans la loi, le mal continua ses ravages avec une telle intensité que la réforme du 13 mai

1863 inaugura un redoublement de sévérité. Elle recula jusqu'à treize ans l'époque à partir de laquelle l'attentat à la pudeur cesse d'être puni : « Il est bien, dit à ce sujet Faustin Hélie, de préserver l'enfant le plus longtemps possible, aussi longtemps qu'il demeure enfant, contre la séduction qui a pour but de le flétrir et de le corrompre [1]. »

Après comme avant onze ans la facilité d'entraînement reste aussi grande, car l'enfant de cet âge ne saurait avoir une décision réfléchie. Il nous semble que le législateur n'est pas encore allé assez loin dans ses sages améliorations; la prudence lui commandait de prolonger sa protection tant que l'enfant n'aurait pas la plénitude de son raisonnement. Puisque par les articles 66 et 67 du Code pénal il laisse aux tribunaux la faculté de rechercher si le mineur de seize ans a commis tel délit avec ou sans discernement, n'était-il pas juste qu'il s'en remît également à leur discrétion du soin de condamner ou d'absoudre l'auteur de la séduction suivant que l'enfant se serait fait son complice sciemment ou sans le vouloir? Le sens moral qui manque à ce dernier quand il se rend coupable d'une mauvaise action lui fait également défaut toutes les fois qu'il est victime d'attentats à la pudeur. Sans doute, « plus on approche de l'âge nubile, plus il y a lieu de craindre que la volonté ne vienne contredire la présomption de contrainte morale qui est l'élément du délit [2], » mais précisément les pouvoirs d'appréciation des juges leur permettraient de distinguer si l'enfant a cédé de propos délibéré aux penchants d'une nature vicieuse ou à la naïveté de son inexpérience. Et puis quel mal verrait-on à le protéger contre ses propres entraînements? On devrait étendre aux attentats commis par des étrangers sur des mineurs de seize ans les dispositions répressives qui le protègent jusqu'à sa majorité ou à son émancipation par le mariage contre les faits de séduction émanant de ses ascendants.

(1) F. Hélie. *Théorie du Code pénal*, 5e édition, tome 4, page 267.

(2) Faustin Hélie, *Théorie du Code pénal*, 5e édition, tome 4, page 267 et suiv.

Conditions requises pour qu'il y ait crime.

Aujourd'hui, à la suite des réformes successives dont nous venons de parler, le Code pénal prévoit deux hypothèses qui exigent la réunion d'éléments constitutifs absolument différents. La première, relative aux attentats à la pudeur consommés ou tentés sans violence sur la personne d'enfants de l'un ou de l'autre sexe âgés de moins de treize ans, emporte comme sanction la peine de la réclusion. Il y a crime toutes les fois qu'un acte extérieur exercé directement sur un enfant a pour but et pour effet d'offenser sa pudeur. La nature outrageante du fait immoral et l'âge de la victime sont les deux seules conditions essentielles exigées du paragraphe 1er de l'article 331. De sorte que si des scènes de débauche non publiques ont pour acteurs un enfant de treize ans et un jour, la justice se voit réduite à les tolérer.

Il n'est pas toujours facile pour les tribunaux de déterminer avec précision la limite de démarcation entre le crime d'attentat et le délit d'outrage à la pudeur. De là des contrariétés de décision dues aux variations innombrables des circonstances de fait. Ainsi la Cour de cassation a vu dans l'action de relever jusqu'à la ceinture les vêtements d'une jeune fille mineure de onze ans un crime et non pas seulement un délit, comme l'avait pensé la Cour de Grenoble dans un cas presque identique (1). A notre avis, les deux arrêts auxquels nous faisons allusion sont irréprochables; dans l'espèce jugée à Grenoble, le fait incriminé, accompli vis-à-vis d'une enfant seule sous l'influence d'une curiosité malsaine, paraissait difficilement justiciable des assises. Au contraire, les faits portés à la connaissance de la Cour suprême révélaient une main mise sur cinq jeunes mineures de treize ans qui avaient été mises à nu en présence les unes des autres. Ici aucun doute que leur pudeur avait été blessée et que dès lors il y avait plus qu'une infraction correctionnelle.

(1) 24 juillet 1874. *Journal du ministère public*, 17e année, 1874, page 303.

Il en est de même quand des attouchements impudiques ont été pratiqués sur une enfant remplissant les conditions de la loi. Le critérium pour établir des distinctions souvent délicates consiste à rechercher de suite le résultat atteint.

L'attentat à la pudeur existe, que l'obscénité soit commise sur la personne de l'enfant ou que cet enfant l'accomplisse sur celui qui le débauche. Victime ou instrument d'actes lubriques, sujet actif ou passif, son innocence est également flétrie.

De la tentative.

Pourquoi le législateur mentionne-t-il d'une façon expresse, dans l'article 331, la tentative d'attentat aux mœurs, dérogeant ainsi à sa façon habituelle de procéder?

C'est que le crime est perpétré aussitôt que tenté; son accomplissement résulte d'un fait d'impudeur quelconque et n'est subordonné à aucun acte préparatoire. Mais cette assimilation complète du délit consommé et du délit tenté a l'inconvénient d'englober dans une même répression des actions d'une gravité inégale. En toute équité, la peine devrait être nuancée suivant qu'elle frapperait l'atteinte purement morale faite à la pureté de l'enfant ou la souillure irréparable imprimée à son corps par la défloration. Entre l'attentat sans violence et le viol aurait dû s'intercaler une hypothèse intermédiaire prévoyant le dommage matériel qu'aurait souffert l'enfant. A vrai dire, les cours d'assises ont rarement à appliquer la loi dans toute sa rigueur, car la souveraineté d'appréciation dont est investi le jury, seul juge du fait, garantit aux accusés une extrême indulgence.

Attentat commis par un ascendant.

Si le coupable est un ascendant de la victime, son crime commis sur un mineur de vingt-un ans ou non émancipé par le mariage est passible de la réclusion. Ici l'attentat réside dans la qualité de l'agent et non plus dans l'âge de l'enfant. Cela s'explique aisément; les velléités de résistance du mineur plient devant la crainte révérentielle et l'autorité naturelle dont il subit la dépendance. A la faveur d'un odieux abus de pouvoir, on exige de lui les plus infâmes complaisances! On invoque des prérogatives sacrées pour le faire consentir à des rapports incestueux; on met les principes les plus respectables au service des ruses de la séduction. Il était naturel que la loi fit durer son système de protection spéciale aussi longtemps que le danger?

Doit-on voir dans cette addition de la loi de 1863 le rétablissement de la pénalité jadis prononcée contre l'inceste? Si tel a été le désir du législateur, il a pris une mesure bien incomplète en se bornant à incriminer les relations intimes qu'entretiennent les ascendants naturels avec leurs parentes mineures. Car le qualificatif « ascendant » qu'emploie l'article 331 ne peut s'entendre que des parents en ligne directe, unis par les liens du sang, c'est-à-dire des pères, mères, aïeuls et bisaïeuls[1]. Les ascendants par alliance qui se rendraient coupables de ce crime bénéficieraient donc d'une immunité contradictoire de la prohibition absolue de mariage, établie par l'article 161 du Code civil, entre le beau-père et sa belle-fille. L'inceste figurant au nombre des attentats aux mœurs est puni comme tel, mais ce n'est pas exclusivement lui que vise l'alinéa 2.

Législations étrangères.

L'examen des dispositions votées sur la matière par les nations étrangères démontre une fois de plus la nécessité de remanier notre vieux Code. Elles embrassent toutes les situations, proportionnent scrupuleusement la peine à l'importance du délit, s'harmonisent en un mot avec les exigences sociales.

(1) Cassation, 17 mars 1881. DP. 81.1.277.

La concision n'est plus de mode parce qu'elle donne prise à l'arbitraire et aux interprétations fantaisistes.

ALLEMAGNE

En Allemagne, les actes impudiques commis par les tuteurs sur leurs pupilles, par les parents adoptifs ou nourriciers sur leurs enfants, par les instituteurs, précepteurs, ecclésiastiques, sur leurs écoliers mineurs de quatorze ans, entraînent contre leurs auteurs cinq ans de réclusion au maximum. Le concubinage entre ascendants et descendants est puni, pour les ascendants de la réclusion pendant cinq ans au plus, pour les descendants d'un emprisonnement pendant deux ans au plus.

ANGLETERRE

L'Angleterre est dotée depuis le 14 août 1885 d'une loi, *criminal law amendenent act*, qui punit les relations illicites avec une fille de treize ans de la servitude pénale à vie ou pour cinq ans au moins, ou d'un emprisonnement avec ou sans travail forcé dont le maximum ne dépasse pas deux ans. La tentative de ce crime est un délit.

RUSSIE

Le Code pénal russe de 1866 prononce contre l'auteur d'un attentat sans violence, *schandüng*, commis « par suite d'abus de l'innocence et de l'ignorance » de la victime sur une fille de moins de quatorze ans, la dégradation civique et quatre à huit ans de travaux forcés dans les fabriques.

ESPAGNE

L'Espagne a une législation particulièrement sévère : elle assimile au viol, qui est puni de réclusion à temps, le fait d'abuser même sans violence d'une fille mineure de douze ans. Lorsqu'une fille de plus de douze ans mais de moins de vingt-trois ans a été déflorée par son tuteur, son précepteur, son serviteur, un fonctionnaire ou un prêtre, la peine consiste dans l'emprisonnement correctionnel.

ITALIE

L'individu qui se rend responsable d'actes indécents sur une fille mineure de douze ans, l'ascendant, le tuteur et l'instituteur qui séduisent une fille âgée de moins de quinze ans sont condamnés à la réclusion de un à sept ans. La peine monte d'un tiers si le crime a été facilité par le concours de deux ou de plusieurs personnes. Quiconque, par ses obscénités, corrompt une personne au-dessous de seize ans encourt la réclusion pendant trente mois au plus et une amende de 50 à 1,500 lires; au cas où l'agent a autorité sur sa victime, la réclusion est de un à six ans, l'amende de 100 à 3,000 lires.

PORTUGAL

L'article 391 du Code pénal de 1886 édicte l'emprisonnement correctionnel contre l'auteur d'un attentat sans violence commis sur une personne de moins de douze ans. Tout individu qui déshonore une femme vierge majeure de douze ans et mineure de seize ans est puni, soit d'emprisonnement cellulaire de deux à huit ans, soit de déportation temporaire. La peine s'élève d'un degré quand les coupables sont les ascendants, frères, tuteurs, curateurs, précepteurs, fonctionnaires, ecclésiastiques ou si une maladie vénérienne a été communiquée. (Art. 398.) A moins que la victime soit mineure de douze ans, ou misérable, les attentats à la pudeur ne sont jamais poursuivis d'office : il faut une dénonciation de la partie offensée ou de ses représentants. Le séducteur d'une vierge, pour éviter toute poursuite, doit lui faire une dot et l'épouser. (Art. 400.)

PAYS-BAS

La protection accordée à l'enfance dure jusque seize ans, mais avec des distinctions; l'attental sur une fille au-dessous de douze ans est passible d'un emprisonnement de douze ans au maximum, alors que le commerce avec une fille de douze à seize ans n'entraine qu'un emprisonnement de huit ans au plus; encore faut-il une plainte de la personne souillée.

BELGIQUE

Dans son article 372, le Code belge tranche heureusement la question longtemps discutée chez nous, de savoir si le crime résulte indifféremment des attouchements opérés sur la personne du séducteur et sur celle du mineur. « Tout attentat commis sans violence ni menace sur la personne ou à l'aide de la personne d'un enfant de l'un ou de l'autre sexe âgé de quatorze ans accomplis, est puni d'un emprisonnement d'un an à cinq ans. La peine est la réclusion si l'enfant était âgé de moins de onze ans accomplis. »

SECTION III

EXCITATION DE MINEURS A LA DÉBAUCHE

Difficulté de délimiter la portée de l'article 334.

Après avoir assuré la répression des attentats aux mœurs commis immédiatement et directement sur l'enfant en deçà d'un certain âge, le législateur s'occupa d'actions immorales d'une autre nature. Il lui restait à protéger la jeunesse de l'un et de l'autre sexe contre les dangers d'une corruption facile et pour cela il rédigea l'article 334 qui punit l'excitation à la débauche. Aucun délit, si on en excepte toutefois l'incrimination relative à la suppression d'enfant, n'a fait l'objet d'interprétations plus différentes que celui dont nous abordons l'étude. Le vague et l'indécision de la rédaction ont permis à la jurisprudence de modifier ses caractères dans un sens tantôt extensif, tantôt restrictif. Toutes les significations ont été données à son texte élastique; sa simple lecture explique du reste les oscillations qu'a subies la Cour suprême avant d'adopter définitivement sa théorie actuelle.

La grosse difficulté du sujet est de délimiter d'une façon rigoureuse la portée de l'article 334. S'attaque-t-il seulement aux agissements honteux du proxénétisme? Ou bien prévoit-il également l'excitation à la prostitution et l'excitation à la corruption, quel que soit le mobile de l'agent? Faut-il voir dans cette disposition un antidote contre toute souillure? Seuls les précédents dont se sont inspirés les auteurs du Code pénal et les motifs qui les ont guidés montreront la question sous son véritable jour.

Historique.

Moins sévère que la loi romaine qui frappait non seulement le *lenocinium*, mais encore le *stupre* et le rapt de séduction, le Code de 1791 ne conserva au nombre des délits que le proxénétisme. En 1810, les intentions du législateur n'avaient pas changé, comme le prouve cet extrait du rapport de Monseignat au Corps législatif. « En nous occupant des attentats aux mœurs, comment ne pas signaler ces êtres qui ne vivent que pour et par la débauche, qui, rebut des deux sexes, se font un état de leur rapprochement mercenaire et spéculent sur l'âge, l'inexpérience et la misère pour colporter le vice et alimenter la corruption. » C'est donc à ce commerce ignoble qui troque contre de l'or la vertu des enfants qu'a voulu se référer la loi. Ses poursuites elle les réserve contre ces courtiers abjects qui, moyennant finances, se font les pourvoyeurs de la débauche. Il y aurait un danger constant pour l'honneur et la sécurité des familles à tolérer un métier qui consiste à entretenir le dérèglement des mœurs. Aussi croyons-nous que, dans l'esprit des rédacteurs du Code, l'article 334 ne vise que les entremetteurs de profesion corrompant la jeunesse pour autrui.

Etats successifs de la jurisprudence.

Tel n'a pas été d'abord l'avis de la Cour de cassation. Jusqu'en 1840, elle décida que les termes généraux de cet article frappait indistinctement ceux qui, se faisant les auxiliaires des passions des autres, facilitent à la jennesse le moyen de se vendre et ceux qui circonviennent les mineurs pour les associer à leur incontinence [1].

Un arrêt solennel du 18 juin 1840 [2] vint bouleverser cette doctrine en déclarant ces dispositions faites exclusivement contre les individus qui excitent, favorisent ou facilitent habituellement la débauche ou la corruption des mineurs de vingt-un ans. Ce trafic infâme du proxénétisme ne saurait d'ailleurs être confondu avec les attentats personnels prévus par les articles 331 et suivants et commis sans intermédiaires. La jurisprudence ne faisait que consacrer ainsi le vrai sens de la loi. Mais dès 1855 elle renonçait à une interprétation aussi absolue ; tombent sous le coup de l'article 334 les personnes se rendant intermédiaires de débauche sans être guidées par l'appât du gain et qui dès lors ne sont pas des proxénètes dans l'acception rigoureuse de ce mot. « La seule intervention d'un tiers pour servir la passion d'autrui, quel que soit le mobile de cette intervention et lors même qu'un vil trafic y serait étranger, suffit à constituer le délit [3]. »

Bientôt, en présence de faits de séduction personnelle qui

(1) Cassation, 17 août 1830. S. 1840.1.180.

(2) Cassation, 18 juin 1840. S. 1840.1.658.

(3) Cassation, 21 avril 1855. S. 1856.1.207-208.

s'étaient produits dans des circonstances tout à fait nouvelles, on jugea nécessaire pour les incriminer d'étendre l'article 334 aux gens qui ont agi en vue de servir leurs penchants dépravés, mais qui ont excité la corruption des mineurs en leur offrant le spectacle de leur lubricité. Aujourd'hui la jurisprudence s'est définitivement arrêtée à ce système ; elle punit l'excitation à la débauche, alors qu'elle ne constitue pas le proxénétisme ; elle rend passible de l'article 334 aussi bien l'agent qui s'entremet gratuitement que l'individu qui, en dehors de toute entremise, dans le but de se procurer des jouissances coupables, se livre en présence de jeunes gens mineurs de vingt-un ans sur sa personne ou sur celle d'enfants à des attouchements indécents. Le résultat de ces agissements, c'est la propagation du vice, c'est l'incitation du mineur, dont l'imagination et les sens ont été ainsi corrompus, à rechercher des satisfactions illicites. Il y a bien là une intervention dissolvante qui permet de ranger son auteur dans la classe des personnes répréhensibles.

Au moment de la revision de 1863, l'occasion était bonne de mettre fin aux hésitations des tribunaux par le vote d'un texte qui eût clairement indiqué l'esprit de la loi. La Commission du Corps législatif avait même proposé, afin de bien marquer que l'excitation à la débauche n'était délictuelle que si le proxénète qui s'en rendait coupable avait en vue la satisfaction des passions d'autrui, d'ajouter ce dernier membre de phrase au texte déjà existant, mais devant l'opposition très vive de M. Nogent-Saint-Laurent qui prétendit que la jurisprudence l'interprétait sainement en punissant à la fois le proxénétisme et le libertinage habituel, les conclusions de la Commission furent repoussées et toute modification écartée.

Réfutation de la théorie de la Cour de cassation.

Donc, depuis 1810, rien n'est changé. Pour justifier la théorie exposée plus haut ses partisans disent : L'interprétation consacrée en 1810 assurait l'impunité à des faits révoltants d'immoralité. Et les termes de l'article 334, qui sont d'une absolue généralité, permettent de retenir tous les genres d'excitation dont le proxénétisme est le plus honteux spécimen. Peu importe de quelle manière un individu se fait l'instrument de la prostitution, car la lettre du texte permet de punir le libertin comme l'entremetteur; tous deux sont des intermédiaires de débauche également coupables. Seulement, l'un, au lieu de servir de trait d'union entre sa victime et autrui, rapproche le mineur et les passions dont il sera plus tard l'esclave. Toutes les délicatesses d'une conscience honnête sont ainsi sanctionnées par la loi : gestes obscènes, conseils pernicieux, mauvais exemples, actes de séduction sont d'autant d'éléments corrupteurs déposés dans le cœur de l'enfant qui en est témoin; donc, le Code a raison de ne pas distinguer entre eux. A notre humble avis, les juges se sont laissé entraîner trop loin par leur vertueuse indignation en s'occupant de ces faits de sensualité bestiale engendrés par le raffinement d'une imagination dépravée, mais ne relevant que de la morale. Ils ont pris leurs désirs pour la réalité et créé par leurs décisions des infractions auxquelles en 1810 on n'avait même pas songé. Les exigences de l'intérêt social compromis ont dissipé leurs scrupules et ils ont frappé ces actions qui leur inspiraient un si juste sentiment de dégoût. Ils oubliaient ainsi que, liés par la lettre du Code, ils n'ont pas le droit de la fléchir, pour les besoins de la cause, aux exigences du moment. Autre en effet est le domaine de la loi, autre celui de la conscience. Au lieu de commenter, les tribunaux s'arrogeant les pouvoirs du législateur, n'ont pas craint de forcer le sens du texte, d'aller à l'encontre de l'esprit des travaux préparatoires, de remédier ainsi à un silence fâcheux. Faustin Hélie constate sans détours cette situation, tout en l'approuvant : « Si l'application pénale est nouvelle, c'est que des faits nouveaux se sont produits; la jurisprudence n'a point innové, elle n'a fait qu'appliquer une disposition générale à des faits inconnus jusque-là. » (1)

(1) F. Hélie. *Théorie du Code pénal.* chapitre IV, page 237, 4e édition.

Nous ne saurions admettre les inconséquences d'une doctrine ainsi formée de toutes pièces et qui ne se soutient qu'à force de distinctions subtiles dans une matière de droit étroit. Ainsi sa solution n'est pas la même, selon qu'il s'agit de séduction ou de scandale, d'actes qui veulent la satisfaction personnelle ou d'obscénités qui n'ont pas ce caractère. D'après elle, la séduction exercée sur une mineure n'est pas punissable, tandis que les conseils, les mauvais exemples, même étrangers à toute idée de prostitution, sont un délit quand les mineurs en sont témoins. Si la loi laisse à l'abri de la répression les actes immoraux pratiqués sans violence sur la personne d'une mineure de plus de treize ans, *a fortiori* ne prévoit-elle pas les attouchements impudiques auxquels un individu se livre sur lui-même devant cette mineure. Les mots exciter, favoriser, faciliter, qu'emploie l'article 334, visent un même fait présenté sous toutes ses faces, qu'il veut atteindre dans toutes ses manifestations : le proxénétisme.

D'ailleurs la théorie que nous combattons repose sur une confusion complète de l'attentat à la pudeur et de l'excitation à la débauche. La preuve en est dans l'alinéa 2 de l'article 334 qui aggrave la peine lorsque la corruption des mineurs a été favorisée par les pères, mères, tuteurs et autres personnes chargées de leur surveillance. Evidemment il n'est pas question ici d'attentats matériels imputables à ces personnes tenant de la nature ou de la loi une autorité quelconque et que réprime l'article 331 tant que dure la minorité des victimes, mais du trafic odieux des ascendants qui, pour employer les admirables expressions de Monseignat, « spéculeraient sur l'innocence qu'ils sont chargés de protéger et de défendre... et se rendraient coupables d'infanticide moral. » Or, puisqu'il y a une connexité absolue entre les deux paragraphes de notre article, l'incrimination est la même dans les deux cas, sauf l'aggravation de peine résultant de la qualité de l'agent. Il est par conséquent impossible d'appliquer le même texte à deux faits différents et inégalement répréhensibles, à celui qui séduit un mineur ou le rend témoin d'un acte indécent et à celui qui, sans passion, fait le métier inavouable de proxénète. Les réticences des arrêts parus sur ce sujet ont dicté à M. Blanche une conclusion analogue. « Si la loi, dit-il, est ce que les arrêts la font, elle est au moins étrange. Elle ne punit pas le fait actuel, certain, elle réprime au contraire le fait futur qui ne se réalisera peut-être jamais.... La débauche que l'enfant subira ne sera pas réprimée ; celle dont il ne sera que témoin sera atteinte par la loi pénale [1] ».

Avec l'interprétation étendue qu'elle donne à l'article 334, la jurisprudence rend service à l'ordre public, mais elle altère ce respect pour la règle, ce culte de la loi qui forme la base la plus solide des sociétés. Sa doctrine est chrétienne et morale, mais illogique et dangereuse, car elle viole ce principe fondamental du droit criminel qui exige un texte formel pour chaque fait qu'on veut atteindre.

Conditions de l'attentat aux mœurs.

Il faut pour constituer l'attentat aux mœurs le concours de trois éléments : 1° les faits reprochés à l'inculpé doivent avoir excité, favorisé ou facilité la débauche ; 2° d'un mineur de vingt et un ans ; 3° d'une façon habituelle.

A. Quels sont les faits d'excitation punissables.

Comme nous l'avons déjà dit, les décisions judiciaires qui renferment le commentaire de notre disposition n'ont eu qu'un but : adapter son texte aux nécessités de l'époque. L'absence de toute définition les autorisait à faire cette incursion dans le champ de l'immoralité et elles en sont arrivées à rendre singulièrement explicites des termes dont le plus grand défaut est le

(1) Blanche, *Etudes pratiques sur le Code pénal : attentat aux mœurs*, 334, n° 111, page 115.

manque de précision. Quand il s'agit d'actes qui révoltent la nature, qu'aucune passion ne saurait excuser et qui ont pour effet de livrer des enfants à la dépravation la plus honteuse, la loi s'appliquera. Il en sera de même toutes les fois que par un moyen quelconque on aura « aplani aux mineurs la voie de la débauche ». Voilà résumées les grandes lignes du système de la jurisprudence. Mais un examen détaillé révèle de profondes divergences entre les tribunaux, chacun se créant une législation plus ou moins tolérante, plus ou moins draconienne. Suivant les uns, le délit n'existe que si des faits matériels de corruption se sont produits; pour d'autres, la simple initiation aux choses impures rentrera dans le cadre de l'article 334. Par application de ces principes, une femme Cousin qui faisait partager à sa fille âgée de onze ans le lit dans lequel elle commettait un adultère avec un nommé Malartroy, fut traduite en police correctionnelle, ainsi que son complice, pour avoir consommé l'acte charnel en présence et à côté de cette enfant. C'est que l'excitation à la corruption étant la suite inévitable de leurs rapports sexuels, les deux amants s'étaient rendus par insouciance agents intermédiaires de débauche. De même des poursuites furent exercées contre un sieur Michalet qui, l'hiver, réunissait chez lui des mineurs sous prétexte de boire et de jouer, leur racontait en termes orduriers ses visites aux maisons publiques de Mâcon et finalement mettait à nu ses organes génitaux en les invitant à les toucher. Par ces pratiques indécentes dont le but était d'éveiller les passions des spectateurs et de pervertir leur imagination, Michalet se faisait agent de débauche (1).

Alors que l'enseignement du vice est soumis à des pénalités, les actes d'incontinence exercés sur des mineurs semblent devoir échapper à la répression. Ainsi en a jugé la Cour de Dijon dans une affaire Banzolini (2). Cet individu, médecin de profession, profitait de la présence de mineurs de seize à

(1) Dijon, 23 avril 1879. S. 79.2.322.

(2) Dijon, 27 novembre 1878. S. 79.2.233.

dix-huit ans dans son cabinet de consultations pour les rendre témoins de scènes d'impudicité. Il portait la main aux parties sexuelles de ces jeunes gens, reçus successivement et séparément, cherchait à obtenir d'eux des attouchements sur les siennes, puis assouvissait sur lui-même sa honteuse passion. Il bénéficia d'un acquittement parce que ces faits furent réputés ne tendre qu'à la satisfaction de désirs personnels de leur auteur. Cela n'empêchait pas qu'il y avait de sa part provocation à la débauche. Cependant, la contrariété des solutions précitées s'explique par la volonté qu'avaient les magistrats d'observer loyalement et rigoureusement la distinction capitale entre les agents de séduction et les simples séducteurs. Mais depuis longtemps déjà une analyse plus spécieuse avait amené la Cour suprême à rendre illusoire l'immunité réservée par de précédents arrêts à la séduction personnelle et directe. Par exemple, quelqu'un fait de mineurs les agents de pratiques obscènes ou exerce sur eux des actes lubriques, ou bien encore il les pousse à commettre les uns sur les autres des actes d'incontinence [1]. Il puise ainsi dans ces rapprochements ménagés un supplément de jouissance. Le spectacle de leur libertinage stimule sa passion, mais il n'a pas voulu agir en corrupteur. Et bien, on lui applique quand même l'article 334 parce qu'il a été incidemment un intermédiaire entre ces mineurs.

Jugé que le fait d'avoir eu des relations intimes avec des jeunes filles, en présence d'autres jeunes filles mineures de vingt-un ans, constitue le droit d'excitation à la débauche. Est punissable également la fille publique qui exerce son ignoble métier dans une chambre, sous les yeux de jeunes gens. Un arrêt du 10 novembre 1854 a même déclaré coupable une femme Guilleux qui avait loué à une fille de mauvaise vie un appartement dans une maison dont elle était propriétaire, parce que le seul fait de la location donnait à cette mineure les facilités de se livrer à la prostitution !

En se faisant ainsi le champion de la morale outragée, la

(1) Cassation, 10 janvier 1856. S. 56.1.172.

jurisprudence a détruit l indépendance de la vie privée désormais soumise à une odieuse inquisition. Elle en est arrivée à fouiller sans réserve les actes accomplis en cachette, elle s'est habituée à soulever le voile derrière lequel s'abrite la dépravation, au risque de provoquer des scandales d'où les mineurs que l'on veut protéger à toute force sortiront amoindris.

B. L'habitude.

Pour qu'il y ait habitude constitutive du délit d'excitation, il suffit que des faits de corruption successifs aient été exercés à des moments différents même envers la même personne et dans l'intérêt des passions d'un seul. La pluralité de victimes n'est pas nécessaire : c'est exercer le métier de proxénète que de retirer un gain d'actes d'excitation renouvelés à plusieurs reprises à l'égard du même mineur, de trafiquer exclusivement de son inconduite pendant un temps considérable. S'il en était autrement, combien d'individus qui vivent de la prostitution de la même personne se joueraient du Code ? Dès qu'il y a répétition de faits de débauche, peu importe que l'entremetteur se soit fait l'instrument de corruption de la même victime à l'égard d'un ou de plusieurs séducteurs. En résumé, l'habitude criminelle résulte de la réitération des mêmes faits répréhensibles à des intervalles plus ou moins espacés. Des relations suivies se sont établies entre deux personnes dont l'une était mineure par l'entremise d'une femme qui facilitait leur rapprochement en leur louant une chambre de sa maison. Une année durant ce commerce s'est prolongé chez elle : tel est le cas classique de l'excitation à la débauche.

Elle est exigée même quand les coupables sont des personnes chargées de surveiller le mineur.

Lorsque les coupables sont les père et mère ou appartiennent aux catégories déjà indiquées, l'élément d'habitude est-il encore requis ? La négative qui avait d'abord été soutenue par la Cour de cassation laisserait supposer qu'aucune corrélation n'existe entre les termes des deux paragraphes de l'article 334. Or le contraire est absolument certain : l'alinéa 2 ne prévoit pas un délit distinct du précédent, puisqu'il n'en mentionne pas les circonstances constitutives ; il se borne à aggraver la peine à raison de la qualité des agents et de leur autorité sur les mineurs livrés par eux à la débauche. On eût compris qu'un fait unique venant de ces personnes fût incriminé, mais rien n'autorise à induire une exception si grave du silence de la loi. La référence du deuxième paragraphe au premier ressort avec certitude des termes de l'article 335 qui, parlant des incapacités qu'encourront accessoirement les condamnés, emploie les mots « coupables *du délit* mentionné au précédent article », ce qui exclut l'application de celui-ci à des infractions différentes (1). On devrait lire *des délits*, pour donner à la doctrine adverse une apparence de raison. Il est regrettable néanmoins que la loi de 1863 n'ait point introduit dans le Code la disposition de la Commission tendant à punir le pacte ignoble moyennant lequel des parents stipendiés n'ont pas honte de faire de leur enfant, ne fût-ce qu'une fois, l'instrument de plaisir du premier venu. Parce qu'un marché unique serait intervenu entre eux et un séducteur, il ne s'ensuit pas que leur culpabilité doive rester impunie ; tout au plus y aurait-il place à quelque indulgence s'ils ne persévéraient pas dans leur inqualifiable complaisance.

C. L'âge de la victime.

La troisième condition du délit est relative à la minorité de la victime. Voulant prendre une mesure de large protection en faveur de ses pupilles, le législateur s'est servi de l'expression générique « jeunesse » pour bien marquer qu'il entendait cou-

(1) Cassation, 20 août 1875. S. 76.1.42

vrir indifféremment les mineurs des deux sexes, sans avoir égard à leurs mœurs. Innocents ou déjà flétris, vierges ou prostituées, tous peuvent invoquer le privilège de l'âge contre ceux qui spéculent sur leur déshonneur. On fait autant de mal en excitant à la débauche les âmes pures qu'en fournissant aux penchants vicieux un terrain d'éclosion favorable. Il importe peu que les enfants aient résisté ou cédé aux obsessions du proxénète; l'infraction naît des efforts tentés pour corrompre, des démarches faites pour livrer à la séduction; on ne s'inquiète pas du résultat atteint. Plusieurs arrêts ont décidé avec justesse qu'il y avait attentat aux mœurs reprochable à l'individu qui recevait comme pensionnaire dans un établissement de tolérance une fille mineure inscrite sur les registres de la police et soumise aux visites sanitaires de rigueur (2). Ne sont-elles pas dignes de commisération les malheureuses tombées au plus bas degré de l'abjection, et pourquoi pourrait-on impunément les avilir davantage, si cela était possible?

Du complice.

Comme aucune exception n'a été apportée à la règle qui frappe les complices de tous les délits, le séducteur, exempt de peine quand il est arrivé directement par lui-même à ses fins, encourt la répression portée contre le proxénète lorsqu'il a acheté le concours d'un tiers par dons, promesses, menaces, abus d'autorité, en un mot, par tous les modes énoncés en l'article 60 du Code pénal, dans le but de contenter les désirs de ses sens. Il faut cependant que l'appel à l'intervention d'autrui ait provoqué des faits multiples d'excitation; l'habitude coupable établie à la charge de l'entremetteur par rapport à d'autres individus doit exister aussi par rapport au complice et dans les relations qui se sont établies entre ce dernier et l'agent intermédiaire. Dans une espèce où une femme Maisetti avait

(2) Bordeaux, 17 novembre 1871. DP. 72.5.37.

déterminé sa fille Marie-Marguerite à devenir la concubine d'un nommé Scamaroni, sur la promesse faite par celui-ci de subvenir aux dépenses de la vie commune et d'acquitter pendant plusieurs mois les loyers de sa mère, la Cour de Bastia a jugé que l'habitude de l'excitation était suffisamment caractérisée à l'égard de la femme par la persistance du consentement et que Scamaroni s'était rendu complice de ce délit par dons ou promesses et en assistant sciemment l'auteur principal dans les faits qui ont préparé, facilité et consommé l'action (1).

Pour tout dire, si les sommes données sont le prix d'une seule convention, il n'y a pas emploi habituel des moyens de complicité et, par suite, l'article 334 reste inapplicable. C'est ce qu'a décidé la Cour suprême saisie du pourvoi d'un sieur Rallu : cet individu avait remis 25 francs aux époux Carré pour qu'ils lui livrassent leur fille mineure. Un commerce suivi s'établit entre elle et lui, mais postérieurement au marché unique où s'était débattu le prix payé. Rien ne prouvant que les parents, après avoir corrompu leur enfant, avaient persévéré dans le consentement donné à sa débauche, le délit manquait d'un de ses éléments essentiels, l'habitude (2).

Pénalités.

1° Si le coupable est étranger à la victime il encourra un emprisonnement de six mois à deux ans et une amende de 50 à 500 francs. En outre, deux peines accessoires viennent se greffer sur la principale ; l'une, obligatoire, consiste dans l'interdiction des fonctions de tuteur, de curateur, de membre d'un conseil de famille pendant deux ans au moins et cinq ans au plus. Cette privation de droits civils ne commence qu'au jour de la mise en liberté du condamné, car l'individu est privé de ses droits, quand même il ne serait pas interdit, aussi longtemps

(1) Bastia, 23 janvier 1880. *Supplément de Dalloz*, 81.1.91.

(2) Cassation, 10 novembre 1860. S. 1861.1.198.

que se prolonge son incarcération. Au cas où le tribunal qui est maître d'en fixer la durée, oublierait de l'indiquer, le minimum devrait être appliqué. L'autre, facultative, l'interdiction de séjour substituée par la loi du 27 mai 1885, article 19, à la surveillance de la haute police que portait le Code, peut être prononcée, si le tribunal le juge à propos, dans les limites de deux à cinq ans.

2° Le proxénète est le père, la mère, le tuteur ou une autre personne chargée de la surveillance du mineur, c'est-à-dire ayant sur lui une autorité de droit ou de fait ; alors l'emprisonnement est de deux à cinq ans et l'amende de 300 à 1000 francs. La durée de la privation de toute tutelle, curatelle ou participation au conseil de famille et de l'interdiction de résidence varie entre dix et vingt ans. Quand le père et la mère sont déclarés coupables, la condamnation à intervenir s'aggrave, dans sa partie accessoire, d'une restriction inconnue jusqu'alors dans le Code pénal : la déchéance des droits et avantages conférés par le titre de la puissance paternelle. Du fait d'avoir prostitué son enfant il perd le droit de garde, de correction et l'administration légale des biens de sa victime. Pour la première fois, le législateur, si respectueux du pouvoir paternel, a décidé avec raison que la protection de l'enfant ne saurait être efficace qu'à la condition d'amoindrir les prérogatives du père de famille. Conserver le rôle d'éducateurs à ces parents dénaturés c'était paralyser les effets salutaires de la répression. Malheureusement, cette déchéance consacrée théoriquement n'a jamais été organisée, et les tribunaux contraints de retirer l'enfant à son père ne savaient à qui en remettre la surveillance; leur embarras n'a pris fin qu'avec la promulgation de la loi du 24 juillet 1889.

Droit comparé.

De l'examen des lois pénales votées à l'étranger il ressort qu'elles punissent en général le proxénétisme proprement dit comme excitation à la débauche et frappe par des textes spéciaux les actes de séduction directe. Ainsi le Code allemand prononce contre le proxénète cinq ans de prison et la privation des droits civiques, même en l'absence d'habitude ou de lucre, 1° quand on a employé des manœuvres frauduleuses pour faciliter la corruption, 2° quand le coupable appartient à la classe des personnes ayant autorité sur la victime.

Aux Pays-Bas, la personne qui commet ce délit en vue d'un gain ou par métier s'expose à un emprisonnement de trois ans et à la perte des droits civiques; les parents ou tuteurs reconnus coupables sont punis de quatre ans de prison au maximum.

L'article 345 du Code pénal italien de 1889 porte la réclusion de trois à trente mois et l'amende de 100 à 3,000 lires contre l'individu qui, pour servir les passions d'autrui, détermine une mineure à se prostituer. La peine s'élève de un à six ans et l'amende ne peut être inférieure à 500 lires lorsque le délit est commis, 1° sur une mineure de douze ans, 2° avec fraude, 3° par un ascendant ou une personne chargée de son éducation, de son instruction, de sa garde ou de sa surveillance, 4° habituellement et pour un profit personnel. Quand deux ou trois de ces circonstances aggravantes se rencontrent, la réclusion varie entre deux et sept ans et le minimum de l'amende est de 1,000 lires.

En Espagne, c'est la prison correctionnelle pour celui qui, d'habitude ou avec abus d'autorité, provoque ou facilite la débauche des mineurs dans le but de satisfaire les désirs d'autrui.

Aux termes de l'article 406 du Code de Portugal, toute personne qui favorise ou facilite habituellement la prostitution ou la débauche des mineurs de vingt-cinq ans, en vue de satisfaire les penchants déshonnêtes d'un tiers, peut-être condamné à un an de prison, à une amende correspondante et à la suspension de ses droits politiques pour cinq ans. Le tuteur ou la personne chargée de surveiller un mineur de vingt-cinq ans est puni de seize mois à deux ans de prison, d'une amende et de l'interdiction pendant douze ans du droit d'être tuteur, membre d'un conseil de famille et d'enseigner ou diriger un établissement d'instruction. (Article 405.)

L'Angleterre a une législation qui tient compte des mœurs de la victime : Si on induit une fille mineure de vingt-un ans qui n'est pas prostituée ou de mœurs légères, à se livrer à d'autres personnes ou à entrer dans une maison de tolérance, on commet un délit passible de deux ans de détention au maximum, avec ou sans travail forcé. Il y a crime de la part du propriétaire ou locataire d'un immeuble qui y attire ou y admet une fille de moins de treize ans pour faciliter ses relations ; quand elle a plus de treize ans et moins de seize, ce n'est plus qu'un délit.

D'après la loi russe, les père et mère, tuteurs ou surveillants qui favorisent la débauche de leurs enfants ou pupilles sont privés de tous leurs droits personnels et de classe, internés en Sibérie ou incorporés dans une compagnie de correction.

Le Code belge prononce des peines différentes suivant que l'excitation à la débauche s'adresse à une mineure de onze ans, à une mineure de quatorze ans ou à une mineure qui a dépassé cet âge.

SECTION IV.

ENLÈVEMENT DE MINEURS

Peut-être eût-il mieux valu ranger sous un chapitre spécial une incrimination qui n'est plus nécessairement, comme dans notre ancien droit, le préliminaire d'un attentat aux mœurs. Cependant, si l'enlèvement constitue parfois une violation de l'autorité de famille, il faut dire que le plus souvent il est le crime du séducteur fuyant avec sa prétendue victime la surveillance de parents sévères ou d'un tuteur jaloux. Le *plerumque fit* explique donc la place assignée au rapt à côté des attentats aux mœurs.

Après avoir pris des mesures conservatrices en faveur de l'enfant mineur de sept ans, le législateur s'aperçut que pour faire œuvre complète de protection il fallait prévenir les dangers qu'engendrent la faiblesse et l'inexpérience du mineur en général : d'où les articles 354 et 356. Mais, à la différence du droit romain et des ordonnances royales, qui regardaient dans tous les cas le rapt comme un moyen de commettre un viol, il attribue à cette infraction un mobile différent, suivant qu'elle est entachée de fraude et de violence ou suivant qu'elle résulte de la séduction.

Rapt par fraude ou violence.

L'enlèvement du mineur s'est opéré par fraude ou violence. C'est le *raptus in parentes* qui outrage plus les droits des parents que la personne du mineur. Sera puni de la réclusion le coupable qui aura déplacé un mineur du lieu où l'avaient mis ceux à l'autorité ou à la direction desquels il était confié.

Eléments du crime. — 1° Déplacement de l'enfant.

La condition première du délit, c'est le déplacement de l'enfant, son transfèrement d'un lieu dans un autre. Peu importe le mode d'enlèvement mis en usage, l'entraînement, le détournement sera punissable quand il aura pour objet un mineur habitant le domicile de ses parents ou les lieux dans lesquels il avait été régulièrement placé. L'accusation manquerait de base si elle ne mentionnait pas expressément la personne à l'autorité ou à la direction de laquelle l'enfant était soumis.

2° Fraude ou violence.

Il faut encore la fraude ou la violence : l'une résultera des mensonges de l'inculpé, des manœuvres employées, des promesses trompeuses, de l'abus fait du nom des parents de la victime, de la fabrication de fausses pièces tendant à faire supposer l'existence d'un mandat, en un mot de toutes les fourberies usitées pour surprendre le consentement. L'autre consistera dans l'emploi de la force physique et des moyens susceptibles de paralyser la volonté, tels que les menaces de nature à faire impression sur une personne raisonnable, les drogues et liqueurs enivrantes, les passes magnétiques, etc. Le coupable peut être un homme ou une femme.

3° Minorité de la victime. Le mineur émancipé est-il protégé par la loi?

En troisième lieu, le rapt doit porter sur un mineur de l'un ou de l'autre sexe, quel que soit son âge. Cependant on s'est demandé si les dispositions tutélaires de la loi comprenaient dans leur généralité les mineurs mariés ou émancipés. Certains jurisconsultes ont cru pouvoir apporter aux termes absolus de l'article 354 des exceptions tirées de ce demi-état de capacité que crée l'émancipation. Puisque, disent-ils, la minorité légale cesse dans ce cas, la situation privilégiée dont il jouissait du fait de son inexpérience prend fin également. Si ses représentants l'affranchissent de la puissance paternelle, le dégagent de leur dépendance avant le terme ordinaire, c'est qu'ils lui reconnaissent une maturité d'esprit suffisante pour se diriger lui-même. Nous repoussons ce système, qui repose sur une assimilation complète du mineur émancipé au majeur. Or, l'émancipation ne confère au bénéficiaire qu'un pouvoir borné aux actes de pure administration. Préparation salutaire à la gestion financière qui lui incombera plus tard, elle permet au mineur d'essayer ses premiers pas dans la vie sans un guide de tous les instants, mais elle ne l'abandonne pas pour cela à ses seules ressources. S'il n'a plus de tuteur, il est assisté d'un curateur et d'un conseil de famille, et dès qu'il s'agit de passer des actes de nature à engager son patrimoine, il redevient tout à fait incapable. Il serait donc imprudent de retirer à un mineur qui n'a qu'une capacité fort restreinte les garanties de son âge. Ce serait au surplus arbitraire de prêter à notre article des distinctions qu'il n'a jamais voulues : sa protection couvre tous les mineurs, sans égard à leur situation juridique. Nos adversaires ne sauraient faire état d'un arrêt de la Cour suprême des termes duquel il ressort que les articles 354 et suivants du Code pénal, sainement entendus, ne s'appliquent pas aux femmes mineures mariées. Supposons, en effet, que l'enlèvement de la mineure mariée prenne les caractères de l'adultère; il est hors de doute que le mari a seul qualité pour réclamer des poursuites contre le coupable, en vertu des articles 336 et suivants du Code pénal; mais c'est l'existence du délit d'adultère et non l'émancipation due au mariage qui fait obstacle à l'exercice d'office de l'action publique. Que la femme mineure ait été détournée du domicile conjugal dans un but de chantage, de haine ou de vengeance, son enlèvement redeviendra un crime de droit commun semblable à celui de tout autre mineur.

Est-il nécessaire que l'auteur du rapt ait agi dans une pensée criminelle ? Non : le fait matériel de l'enlèvement est punissable en l'absence d'un autre délit. C'est l'acte de violence, c'est l'atteinte portée à l'autorité des parents que l'on a voulu frapper, encore que l'agent n'ait point eu l'intention d'abuser de la personne du mineur, qu'il ait voulu même le soustraire à de mauvais traitements ou à la corruption. Mais la criminalité du fait n'existera que si l'enlèvement commis par un individu sans autorité sur la victime se proposait de dérober l'enfant à ses parents.

Le crime d'enlèvement prend un caractère particulier de

gravité lorsque le mineur enlevé est une jeune fille au-dessous de seize ans. Alors la peine de la réclusion se change en travaux forcés, car le détournement, outre qu'il compromet la victime, aura presque toujours pour but d'abuser d'elle. Ce que la loi envisage, c'est l'âge et le sexe de la victime et non pas la criminalité du but.

Rapt de séduction.

Le rapt s'est produit par séduction : le coupable est un homme, la mineure déplacée une jeune fille de moins de seize ans. Il est indifférent que cette dernière ait consenti à suivre son ravisseur, qu'elle ait quitté de bon gré ses parents; l'enlèvement a été déterminé par une cause aussi dangereuse que la fraude ou la violence, la séduction d'un sexe vis-à-vis de l'autre. Il y a présomption insurmontable que le consentement donné a été surpris à sa timidité ou qu'il est « l'effet décevant des illusions et des prestiges dont il est si facile d'entourer l'inexpérience et la timidité de cet âge ». L'homme épris de la jeune fille qu'il veut posséder, la circonvient, fait miroiter à ses yeux l'avenir brillant qu'il lui réserve loin de la surveillance tracassière de ses parents, lui promet un bien-être auquel elle n'est pas habituée jusqu'à présent; confiante en ces menteuses paroles, elle déserte le foyer paternel. C'est désormais sa réputation perdue, le déshonneur pour elle, la désolation pour ses parents et souvent le retour à la maison de la fugitive repentante avec le fruit de sa faute. Les rédacteurs du Code ont donc agi en profonds psychologues en préservant la jeune fille des entraînements d'une influence corruptrice.

Le crime existera, de quelque endroit qu'elle ait été enlevée sans l'assentiment de ses protecteurs naturels par un homme de vingt et un ans au moins. S'il n'a pas cet âge, son action ne sera plus qu'un délit passible d'un emprisonnement de deux à cinq ans. « La loi, dit l'exposé des motifs, ne veut pas le punir aussi sévèrement que s'il était d'un âge qui ne permît pas de douter qu'il a senti toutes les conséquences de son crime. »

Réforme à introduire.

La fille qui a cédé aux sollicitations captieuses de son ravisseur a plus de seize ans : son enlèvement est chose permise. Mais parce qu'elle a seize ans et un jour, est-elle moins exposée à une captation criminelle ? Les raisons de la protéger ne se retrouvent-elles pas aussi puissantes après qu'avant cet âge ? Ce n'est pas au moment où les parents, au lieu de redoubler de surveillance, laissent à leurs enfants une liberté d'allures qui se termine par une catastrophe, que le législateur devait les exposer à tous les assauts de la passion. Les avortements, les infanticides, les abandons d'enfants et, d'une façon générale, tous les attentats contre la personne, proviennent de cette tolérance prématurée de la séduction. Quand la jeune fille est lâchement délaissée par celui en la parole de qui elle a cru, quand le fardeau de sa vie brisée, de ses espérances déçues est encore alourdi des charges de la maternité, le désespoir l'étreint, et elle devient criminelle pour avoir été trop malheureuse ! La Commission du Corps législatif qui pressentait ce danger avait proposé de punir d'un emprisonnement de deux à cinq ans le ravisseur d'une fille âgée de seize ans et de moins de vingt-un ans, mais le Conseil d'Etat repoussa l'amendement sur ces paroles de son rapporteur : « Les rédacteurs du Code ont cru pouvoir abandonner après seize ans les jeunes personnes à la vigilance de leurs parents, à la garde de la religion, aux principes de l'honneur, à la censure de l'opinion. Ils ont pensé qu'après seize ans la séduction que la nature avait mise au rang des crimes ne pouvait y être placée par la société. » Une cruelle expérience a démontré depuis la fausseté de ce raisonnement. La sensibilité du cœur de la femme, la précocité de son sexe demandent plus que ces garanties morales et illusoires, il leur faut la sauvegarde effective des lois défendant aux habiletés d'un séducteur d'acheter l'assouvissement de ses appétits au prix de la vertu et du bonheur de la jeune fille. Au surplus ce surcroît de protection que nous réclamons est consacré déjà dans le cas d'excitation de mineurs à la débauche; on ne comprend donc pas que des dangers égaux rencontrent, l'un une sévérité légitime, l'autre une impunité regrettable.

Question préjudicielle à l'action.

Il peut arriver que l'enlèvement aboutisse à un mariage. Alors le ravisseur est garanti contre toute recherche de la justice par une question préjudicielle à l'action aussi longtemps que son mariage n'aura pas été annulé à la requête des personnes ayant qualité pour former la demande en nullité. Qu'importe en effet que l'union ait sa source dans un crime puisque la situation a été régularisée? A quoi bon divulguer le scandale du ravissement? Tout est bien qui finit bien; le coupable en liant sa destinée à celle de sa victime a réparé sa faute et l'institution du mariage ne pourrait qu'être ébranlée par des poursuites devenues inopportunes.

CHAPITRE IV

Délits contre l'éducation de l'enfant.

SECTION I

INFRACTIONS A LA LOI
SUR L'ENSEIGNEMENT PRIMAIRE OBLIGATOIRE

Utilité de la loi.

L'œuvre de protection du législateur serait demeurée incomplète si, après s'être préoccupé de l'existence matérielle de l'enfant, il n'avait point pensé à développer son intelligence par l'instruction. Dans un état démocratique comme le nôtre, où l'individualisme a pris une place prépondérante, où chaque citoyen est appelé à participer aux actes les plus importants de la vie publique, la nécessité de l'enseignement s'imposait. Sinon c'eût été un leurre que d'octroyer à la masse du peuple des droits dont il n'eût point su quel usage faire. L'accomplissement des actes politiques, le mécanisme des transactions privées exigent une certaine éducation intellectuelle sans laquelle la personnalité humaine est un vain mot.

A un point de vue moins positif, l'homme qui laisse incultes les ressources en germe dans son cerveau se rive à la banalité des travaux quotidiens, sans autre jouissance que la satisfaction de ses appétits grossiers. Il ressemble à cette terre en friche couverte d'une végétation nuisible où il suffirait de pousser la charrue pour en tirer la subsistance de chaque jour.

Automate et brute : voilà ce que devient à défaut d'éducation l'être naturellement intelligent. Aussi, ne pouvait-on consacrer pour l'enfant le droit à l'ignorance ni pour le père de famille la faculté de l'exploiter par cupidité. Depuis la loi du 28 mars 1882, qui a transformé en obligation légale le devoir moral imposé par l'article 203 du Code civil aux parents d'élever leurs enfants, la nécessité de l'enseignement est tout à la fois une sauvegarde de ces derniers pour l'avenir et une protection contre les excès d'un travail matériel trop hâtif que la famille serait tentée de leur imposer au préjudice tant de leur intelligence que de leurs forces physiques elles-mêmes. De cette façon, bien des mécomptes seront épargnés à l'enfant ; ses facultés. épanouies aux rayons vivifiants de l'instruction, en lui permettant de s'intéresser aux progrès incessants de l'humanité, ouvriront son âme aux idées nobles et généreuses, qu'il n'eût jamais soupçonnées s'il fût resté illettré.

Analyse de la loi. — 1° Formalités.

Laissons de côté la laïcité de l'enseignement, la neutralisation de l'école qui perd son caractère confessionnel par le retranchement des programmes des matières religieuses, pour arriver immédiatement à l'étude du principe de l'obligation scolaire. Aux termes de l'article 4, les enfants des deux sexes de six ans à treize ans révolus sont astreints à la fréquentation de l'école primaire publique, à moins que les familles, toujours libres dans leurs convictions, ne préfèrent les envoyer à l'école privée ou leur donner l'instruction à la maison paternelle. Toutefois, ceux qui dès l'âge de onze ans auront obtenu le certificat d'études primaires seront dispensés de suivre ultérieurement les cours.

Chaque année, le maire dresse une liste de tous les enfants en âge de scolarité et avise individuellement les personnes qui ont autorité sur eux de l'époque de la rentrée des classes. La publication par voie d'affiches ne saurait tenir lieu de cette mise en demeure, ni faire courir le devoir de fréquentation [1]. Ainsi prévenu, le père de famille est tenu de déclarer, quinze jours au moins avant l'ouverture, le choix qu'il fait entre l'enseignement de la famille, de l'école publique ou de l'école privée. S'il arrive que, par suite de retard, l'avis lui soit transmis à une date postérieure à la rentrée, la responsabilité du père ne commence à être pénalement engagée qu'à l'expiration du délai de quinzaine à partir de la notification. Sans doute, il est désirable, dans l'intérêt des études, que les personnes chargées d'enfants soient uniformément avisées dès la formation de la liste, mais on ne saurait admettre que cette simple omission fût irréparable et laissât les enfants sans instruction pendant l'année entière.

Le père mis en demeure oublie-t-il de faire la déclaration : le maire inscrit d'office son enfant à l'une des écoles publiques et l'en avertit. C'est là un simple rappel qui n'implique pas l'obligation pour l'enfant de se rendre aux classes de cette école, si ses parents aiment mieux l'élever chez eux ou lui faire suivre les cours d'une école privée.

Les instituteurs et institutrices, à qui la liste des enfants inscrits est communiquée, font à chaque classe l'appel et constatent sur un registre spécial les absences qui se produisent; puis, à la fin du mois, ils adressent au maire et à l'inspecteur un relevé du nombre des absences et des excuses alléguées. Faute de se conformer à ces prescriptions, ils sont déférés au Conseil départemental.

2° Peines.

Mais le côté vraiment intéressant de la loi, c'est la minutie avec laquelle elle a organisé la sanction des obligations mises à la charge des citoyens responsables de l'accomplissement du devoir scolaire. Deux juridictions absolument distinctes, l'une

(1) Cassation, 26 mai 1883. DP. 84.1.43.

administrative, l'autre judiciaire, prononcent suivant les cas, des pénalités morales et de droit commun habilement graduées. De la compétence du premier de ces tribunaux, la Commission scolaire, ressortissent la première et la seconde infractions : au juge de paix revient la mission de condamner la personne réfractaire aux prescriptions légales, refusant systématiquement de se plier au texte. Nos explications vont porter sur le fonctionnement de ces rouages.

Le Comité scolaire est l'âme de la loi. Il se compose du maire, président, d'un délégué cantonal, de membres désignés par le Conseil municipal en nombre égal au plus au tiers des membres de ce Conseil, de l'inspecteur primaire, qui en fait partie de droit.

Quand un enfant s'absente quatre fois dans le mois durant une demi-journée chaque fois, ce tribunal, s'il n'admet pas comme valables les justifications fournies, cite le père à comparaître dans les trois jours devant lui, et alors il lui rappelle le texte de la loi et lui fait comprendre quel est son devoir. Cette réprimande publique constitue le premier degré de répression. Si de nouvelles absences sont constatées dans les douze mois suivants, la Commission ordonne l'inscription, pendant quinze jours ou un mois, à la porte de la mairie, des noms, prénoms et qualités du contrevenant ainsi que du fait relevé contre lui. Mais il se peut que la personne responsable ne se présente pas, quoique avertie ; on l'assimile à un comparant qui, à la suite d'un premier avertissement, a de nouveau contrevenu à la loi. Le dédain qu'il manifeste par son abstention équivaut à la persistance dans l'infraction ; la Commission prononce l'affichage ; le premier des trois termes est supprimé par sa faute.

Enfin, dans le cas d'une troisième série d'absences, le père resté sourd aux deux premiers avertissements sera, sur la plainte du Conseil scolaire ou, à son défaut, de l'inspecteur primaire, traduit devant le juge de paix qui pourra prononcer contre lui une peine de 5 à 15 francs ou un emprisonnement dont le maximum sera cinq jours, en vertu des articles 479 et

480 du Code pénal. Toutefois, avec l'article 463 applicable en la circonstance, il aura la faculté d'abaisser la peine à 1 franc. A l'aide de cet instrument de répression d'une souplesse singulière, il variera le châtiment suivant que la contravention sera le fait de l'inintelligence ou, au contraire, le résultat d'un mauvais vouloir calculé en vue de faire échec à la loi.

C'est, comme on le voit, un *crescendo* bien observé : aux contrevenants des deux premières fois, les avertissements paternels du tribunal de famille ; aux récidivistes incorrigibles, la décision rigoureuse du tribunal de police. Des doutes auxquels la Cour de cassation et le Conseil d'Etat ont donné raison sont nés sur la nature juridictionnelle des commissions scolaires. D'après un arrêt longuement motivé, elles seraient « de simples corps administratifs institués pour surveiller et assurer l'accomplissement du devoir scolaire et déférer les contrevenants à la justice répressive ; les mesures préalables qu'elles prononcent ne sont pas de véritables pénalités... ; l'affichage est une mise en demeure plus énergique, adressée au père[1] ».

Une pareille appréciation est contraire à la lettre comme à l'esprit de la loi. Dans les articles 12 et 13, il est question en termes exprès de peines appliquées par la Commission. De plus, la circulaire ministérielle déterminant les attributions et les pouvoirs des conseils scolaires, dit : « elles prononcent certaines pénalités (art. 12 et 13) et saisissent d'une plainte dans les cas prévus le juges de paix »[2]. La Cour suprême elle-même nous fournit en ces termes la réfutation la plus vigoureuse de sa doctrine : « Dans les articles 12, 13 et 14, le législateur a organisé un système de pénalités graduées d'ordres divers : l'avertissement, l'affichage, puis les peines de simple police[3]. » On a donc bien affaire à deux juridictions distinctes, ayant leur compétence parfaitement délimitée par le degré des peines qu'elles portent.

Si les prétendues mesures préalables n'avaient pas un carac-

(1) Cassation, 14 décembre 1883. 1884.1.216.

(2) Circulaire aux préfets du 13 juin 1882.

(3) Cassation, 4 août 1883. DP. 84.1.43.

tère pénal, l'article 17 ne qualifierait pas de récidive la nouvelle infraction qui entraine l'application d'une peine spéciale (1).

Dans quel cas y a-t-il nouvelle récidive?

La grosse difficulté que comporte ce sujet est relative au point de savoir si au cas de récidive de la personne qui, pour ne s'être pas rendue auprès de la Commission, a été punie par l'affichage de son nom, il y a lieu de la déférer au juge de paix ou d'ordonner un deuxième affichage. Nous ne partageons pas l'opinion que M. le Procureur général Barbier a fait prévaloir devant la Cour suprême. Nulle part, suivant lui, on ne trouve le droit pour la Commission de prononcer cet affichage réitéré. Après une inscription à la porte de la mairie restée infructueuse, il n'y a plus qu'une seule ressource, la peine du droit commun. « Quand la personne citée reste sourde au mandement de la Commission, le paragraphe 2 de l'article 12 prescrit de lui appliquer *de plano* la peine de l'affichage, l'assimilant ainsi à celui qui a déjà commis une deuxième infraction après avoir comparu devant la Commission (2). »

Si l'on en croit la théorie de la jurisprudence, le contrevenant qui fait défaut devant la Commission scolaire encourt deux aggravations : bien que passible de la peine la plus légère, elle lui applique la peine du degré immédiatement supérieur, et s'il récidive, il est réputé avoir commis trois infractions et déféré au tribunal de simple police. Ces solutions rigoureuses répugnent à la pensée du législateur ; son intention était de punir l'irrévérence que commettait le père de famille à l'égard de la convocation du Conseil scolaire, mais il n'entendait nullement que sa situation pénale se ressentit constamment de cette inconvenance oubliée aussitôt que punie. D'ailleurs, la simple lecture des articles visés n'autorise pas d'autre commentaire. Art. 12 :

(1) Henri Schmidt, *L'organisation de l'enseignement primaire*, page 16.

(2) 4 août 1883. 84. D. 1.43.

« En cas de non comparution sans justification admise, la Commission appliquera la peine édictée dans l'article suivant », c'est-à-dire l'affichage. Art. 13 : « En cas de récidive dans les douze mois qui suivront la première infraction, la Commission municipale scolaire prononcera l'inscription, etc. » Où voit-on une différence faite entre les comparants en première récidive et les défaillants ? Pour rendre le juge de paix compétent, il faut, d'une façon générale, « une nouvelle récidive », ce qui suppose une troisième infraction et non une seconde. Du reste, la Commission a toute faculté pour varier la durée de l'affichage, qu'elle pourra porter à un mois la seconde fois. Au surplus, la loi de 1882 n'a apporté aucune dérogation aux principes ordinaires en matière de récidive et, par suite, quand la Cour suprême distingue pour l'application des peines suivant que l'auteur de l'infraction comparaît ou ne comparaît pas, elle n'interprète plus, elle légifère. Et puis, voyez la loi sur l'ivresse qui applique le droit commun de la récidive : pas un de ces termes n'autorise ce départ absolument arbitraire entre les diverses catégories de contrevenants. Enfin, les travaux législatifs détruiraient les derniers scrupules s'il nous en restait. « Le Conseil scolaire, la première, la deuxième fois, doit avant tout apprécier les causes possibles d'excuses et de justifications. Ce n'est donc qu'à la deuxième récidive, lorsque toutes ces précautions ont été prises, que le père de famille est exposé à une peine plus grave (1). »

Après les paroles si catégoriques du rapporteur de la loi au Sénat, M. Ribière, il nous semble que la vérité a été dite par le tribunal de Beaune dans les termes suivants : « Ce n'est qu'au cas d'une troisième période d'absences que le père peut se trouver dans le cas de la récidive constitutive de la contravention prévue par l'article 14 (2). »

Quand un père de famille condamné en simple police pour infraction à la loi scolaire récidive les mêmes faits dans les

(1) Sénat, séance du 11 juin 1881. *Journal officiel* du 15, page 856.
(2) Beaune, 17 février 1883. DP. 84.3.7.

douze mois qui suivent cette condamnation, il est évident que le juge de paix est désormais seul compétent pour en connaître. On ne comprendrait pas qu'une contravention plus grave que les précédentes, commise en dépit d'une répression pénale demeurée impuissante, motivât la simple sanction morale que prononce la Commission scolaire. C'est donc avec raison que la Cour de cassation a réformé une sentence du juge de paix de Vervins rendue le 5 mai 1883 en faveur d'un sieur Basselet-Gâteaux, condamné par le même tribunal le 24 mars précédent à cinq francs d'amende à la suite d'absences successives de son enfant. L'acquittement dont bénéficiait cet individu était basé sur ce motif que les mesures préalables indiquées par la loi doivent être prises depuis la première répression pénale. Alors que la répétition des infractions dénote un inculpé obstiné à la violation incessante des textes, on arriverait avec des décisions de ce genre à appliquer les peines les plus douces aux pires des réfractaires.

Défauts de la loi.

Il nous reste à conclure et c'est ici que commence notre embarras, car, malgré l'agencement soigné de ses dispositions, la loi sur l'obligation scolaire est déjà tombée en désuétude, nous dirons plus : elle est mort-née. Diverses causes expliquent l'entrave prématurément apportée à son fonctionnement. Quoique procédant d'une idée généreuse qui vise au relèvement du niveau social des classes inférieures, elle n'entre pas dans les mœurs parce qu'elle lèse leurs intérêts matériels en augmentant pour elles les difficultés de l'existence. Elle crée des bouches inutiles dans les familles nombreuses d'ouvriers et tels enfants qui rapportaient auparavant le fruit d'un travail en rapport avec leur âge deviennent par sa faute improductifs pendant un laps de temps considérable. Sans doute, le législateur de 1882, préoccupé de cette question et voulant concilier aussi largement que possible les exigences nouvelles commandées par l'intérêt général avec les nécessités particulières, a permis d'accorder des dispenses de scolarité aux enfants dont le concours manuel est momentanément indispensable. Mais ces ménagements ne suffisent pas ; ces demi-satisfactions sont mal accueillies et les résistances individuelles se font si vives que les agents chargés d'assurer l'application de la loi se résignent à fermer les yeux, plutôt que d'entamer une lutte trop irritante. Pour tout dire, le peuple ne comprend pas qu'au nom de considérations abstraites dont la portée lui échappe, on empire les conditions économiques de sa vie matérielle. Il faut bien reconnaître que si la dignité et l'intelligence humaines y trouvent leur compte, une gène plus grande en résulte pour les travailleurs : de là un antagonisme qui rend platoniques les lois scolaires.

Ce conflit n'existerait pas, qu'un vice qui infecte la composition des commissions scolaires condamnerait la loi à rester lettre morte. En donnant la présidence de cette institution, sur laquelle on fondait de si grandes espérances, au maire de la commune, il ne vint pas à l'idée que ce fonctionnaire élu au suffrage direct par ses concitoyens était lié à eux par la reconnaissance du vote. Dès lors, si, observateur fidèle des devoirs que lui imposaient ses nouvelles attributions, il usait de rigueurs à l'égard de ses mandants devenus ses justiciables, il pourrait craindre de compromettre en même temps que sa popularité sa réélection. Ainsi placé entre le respect de la loi et son intérêt personnel, il hésite rarement à sacrifier l'un pour sauvegarder l'autre. Vainement une loi du 30 octobre 1886 a essayé de remédier au mal en prescrivant au préfet de convoquer d'office les comités scolaires qui n'auraient pas siégé depuis trois mois. Elle s'est heurtée à la force d'inertie, et si cette disposition est dépourvue de sanction, les maires ont continué à se rappeler que sa mise en application en trouverait une dans le verdict de leurs électeurs.

En désespoir de cause, une circulaire toute récente adressée aux inspecteurs primaires est venue leur recommander de ne plus réunir les Conseils. Ces instructions significatives nous suggèrent le mot de la fin : la loi de 1882 est une loi sans lendemain, destinée à ne vivre que sur le papier, ou tout au moins à ne recevoir que des applications isolées.

SECTION II

ENFANTS MALTRAITÉS ET MORALEMENT ABANDONNÉS

Légitimité des restrictions apportées à la puissance paternelle.

Déjà en 1810 on s'était aperçu que, pour certains parents, l'enfant est moins une espérance qu'une chose dont ils usent en vue de leur avantage personnel, et l'article 334 du Code pénal avait apporté un premier amoindrissement aux prérogatives des père et mère qui livrent leurs enfants à la débauche. Mais cette timide mesure, prise pour ainsi dire à regret, tant sont restés vivaces dans notre droit les vestiges de la *patria potestas*, ne s'attaquait point aux abus innombrables qui ont leur source dans la puissance paternelle.

La sollicitude du législateur qui ne s'était pas démentie en face des attentats précis, déterminés, auxquels se trouve directement en butte le jeune âge, avait été mise en défaut alors qu'il s'agissait de parer à un danger bien plus considérable, quoique moins immédiat. Après avoir protégé l'enfance malheureuse, il ne s'était pas préoccupé de ceux qui, sans asile, sans foyer, rencontrent au sein de leur famille, à la place d'un enseignement moral, des excitations malsaines, au lieu d'une éducation honnête, le spectacle de l'ivresse, de l'improbité et de la débauche. C'était donc en toute liberté et sous le couvert de l'impunité que des gens élevaient leurs malheureux enfants dans la haine de la civilisation, leur apprenaient à vivre en révolte continuelle contre la loi dont ils encouraient chaque jour les sévérités et les dressaient au vol, à la mendicité, à la prostitution. Plutôt que de rompre avec les traditions du droit romain, on tolérait l'influence pernicieuse exercée à la fois sur la personne et sur l'âme, sur la santé et sur l'avenir moral de l'enfant. C'est cependant à cette lacune qu'il convient d'attribuer la recrudescence de criminalité que les statistiques constataient avant l'apparition des lois généreuses du 7 décembre 1874 et du 24 juillet 1889, à l'étude desquelles nous arrivons.

LOI DE 1874

Trop souvent, des parents ne voient dans leur postérité qu'un objet d'exploitation dont ils pourront tirer profit. Ne soupçonnant même pas les obligations que leur impose la paternité, ils n'usent de leur autorité que pour en faire des élèves dignes d'eux. Habitués, malgré leur indigence, à vivre dans la paresse, ils leur inculquent de détestables principes, prêchant au besoin d'exemple afin que leur triste métier n'ait point de secrets pour eux. Bientôt ces jeunes recrues, livrées aux entraînements du vice, se mettent à vagabonder par les rues, déclassées et inactives, demandant à l'aumône et au vol le pain que le travail qu'elles fuient systématiquement leur eût procuré, jusqu'au jour où, ramassées par la police, elles vont grossir la légion des pensionnaires des prisons. Désormais, elles appartiennent « à la réserve de l'armée cosmopolite du mal, sans famille et sans patrie, qui n'a d'amour que pour l'oisiveté et le courage que pour le crime ».

En 1874, l'Assemblée nationale commença la campagne de

moralisation en votant des dispositions répressives contre les parents qui livrent, soit gratuitement, soit à prix d'argent, leurs enfants pupilles ou apprentis de moins de seize ans à des charlatans, acrobates, montreurs d'animaux et directeurs de cirque, qui les confient à des vagabonds ou à des mendiants (article 2) ou qui les emploient eux-mêmes à la mendicité, soit ouvertement, soit sous l'apparence d'une profession (article 3). Ce contrat illicite qui fait de l'enfant aux mains d'étranges patrons un instrument précieux de spéculation ne pouvait passer davantage inaperçu. Pour regagner le prix de location qu'il coûte, l'infortuné devra tendre la main aux passants, exciter leur commisération par sa tenue misérable et son air souffreteux, heureux encore si, le soir venu, il a réuni la somme imposée! D'autre part, le trafic odieux du père qui, trop lâche pour s'exposer aux pénalités portées contre les mendiants, y expose son enfant, méritait également une répression, car il a les plus funestes conséquences pour cet être exploité dont il pervertit les bons penchants et qu'il rend inapte à tout travail honnête. Dans ces hypothèses, à l'emprisonnement de six mois à deux ans et à l'amende de 16 à 200 francs qu'elle inflige aux père et mère la loi ajoute une véritable déchéance en autorisant les tribunaux à priver ces condamnés des droits dont ils ont si indignement fait usage.

Analogue à celle portée par le Code, la restriction inscrite dans la loi de 1874 est relative aux seuls droits de garde, de correction et d'administration des biens. Quoique incomplète, elle marquait une nouvelle victoire du droit coutumier qui venait battre en brèche l'omnipotence du père de famille. A ce titre, cette loi constitue la préface de celle du 24 juillet 1889, qui a codifié les cas très nombreux dans lesquels les tribunaux devront et pourront enlever au père son autorité.

LOI DE 1889

Circonstances qui ont précédé le vote de la loi.

Jusqu'à ces derniers temps, la conception particulière que l'on se faisait de la puissance paternelle, considérée comme un droit de propriété sur l'enfant, n'avait admis, sauf les exceptions déjà vues, aucun tempérament à cette institution. Loin de ressembler à une tutelle protectrice de l'enfant, elle avait plutôt le caractère d'une autorité despotique rebelle à tout contrôle. Aussi pouvait-on dire avec justesse en 1880 que (1) « la France, en raison des lacunes du Code civil, est de tous les pays celui où la protection de l'enfance est le moins sauvegardée, surtout au sein de la famille ». De bonne heure, les pays de droit germanique ont affirmé l'indépendance des droits et de l'individualité de l'enfant en déclarant déchus les parents qui mettraient en péril sa santé, sa moralité, sa sécurité. Chez nous, il a fallu la poussée générale qui a décidé tous les Etats civilisés à accentuer dans leur propre intérêt la protection de l'enfant, pour déterminer une réforme longtemps attendue. Depuis quelques années déjà, l'assistance publique recueillait les enfants délaissés jusqu'à l'âge de douze ans, concurremment avec les sociétés privées qui se sont multipliées grâce aux efforts infatigables de MM. Théophile Roussel, Bonjean, Jules Simon, Bérenger, dont les noms sont attachés à tout ce qui est bienfaisance et charité. Par le placement des enfants chez des cultivateurs présentant toutes les garanties désirables, par leur emploi aux travaux des colonies, le sauvetage moral recherché était souvent atteint. Malheureusement, quand ces enfants étaient devenus en âge de gagner leur vie, le père ou la mère, obéissant à une pensée de lucre, venait les revendiquer au nom de la puissance que lui donne la loi pour les replonger dans un

(1) *Bulletin de la Société générale des prisons*, année 1880, page 118.

milieu de perdition. Il était donc nécessaire, afin d'empêcher ces retraits qui décourageaient les associations charitables et anéantissaient les résultats obtenus à force de sacrifices, d'apporter des limitations à la puissance paternelle. Si l'on voulait désorganiser le recrutement de la récidive et détourner du crime les 100,000 enfants traînant sur le pavé des grandes villes, il fallait que le législateur rendît définitif le dessaisissement que consentaient les parents en faveur des établissements de bienfaisance. Pour combler cette imperfection, une proposition de loi ayant pour objet le mineur de l'un ou de l'autre sexe qui se trouve abandonné, délaissé ou maltraité, fut déposée sur le bureau du Sénat le 27 janvier 1881 et votée le 11 juillet 1883 à la suite d'un rapport remarquable de M. Roussel. Cette législation générale s'occupait du placement, de la garde, du patronage de ces mineurs, énumérait les cas de déchéance, d'incapacité des parents ou tuteurs ou d'impossibilité pour eux de remplir leurs devoirs, créait la tutelle des enfants abandonnés et réglait le sort des enfants infirmes ou vicieux et des mineurs destinés à l'armée de terre et de mer. Que l'enfant fût abandonné parce que son père et sa mère sont morts ou disparus ou inconnus et qu'il n'a ni tuteur ni parents chargés de sa personne, qu'il fût délaissé parce que ses parents ou ceux qui en ont la garde le laissent vagabonder et mendier, qu'il fût maltraité, il pourrait compter sur la protection de l'assistance publique.

Le projet étant devenu caduc à l'expiration des pouvoirs de la Chambre fut rapporté par M. Gerville-Réache le 13 juillet 1886. Seulement, en présence de l'opposition que rencontrèrent quelques-unes de ses parties, la Commission législative le scinda dans le but de ne pas retarder l'adoption des réformes sur lesquelles tout le monde était d'accord. Entre temps, le Gouvernement, de son côté, ne restait pas inactif et soumettait aux délibérations du Conseil d'Etat une proposition se référant simplement à la déchéance de la puissance paternelle et aux mesures de protection concernant les enfants délaissés. Approuvée par cette Assemblée dans les séances des 7, 28 juin et 19 juillet 1888, elle forme aujourd'hui la loi du 26 juillet 1889, dont les dispositions sont devenues le droit commun des pays européens et des Etats-Unis.

Actuellement, l'autorité familiale n'est plus un privilège inattaquable, indivisible, quels que soient les abus énormes qu'elle engendre. Si respectable et si sacrée que la rende le droit naturel, elle appartient plus encore à la loi civile dont elle est une création. Mélange de droits et d'obligations, charge et honneur en même temps, n'est-il pas juste d'en révoquer les avantages à l'encontre de celui qui n'a pas voulu remplir ses devoirs ? Quand, établie en considération de la protection de l'enfant, elle s'est changée aux mains d'êtres indignes en moyens d'oppression ; quand, conférée pour assurer l'éducation de l'enfant, elle devient aux mains de ceux qui l'exercent un instrument de démoralisation, pourquoi la laisser subsister en faveur de ceux qui l'ont ainsi dénaturée ? Quel avenir gros d'inquiétudes réserverait-on au pays si, quoi qu'ils fassent, des parents pouvaient impunément se prévaloir de leur qualité comme d'un palladium pour abandonner leurs enfants sans ressources aux dangers de la rue, en tirer des gains inavouables, en faire des prostituées ou des martyrs ! On se demande comment le législateur a pu être esclave de la tradition au point de compromettre si longtemps la sécurité de tous.

Le principe sur lequel repose la nouvelle loi était déjà en germe dans les articles 267 et 302 du Code civil qui autorisent le tribunal, en cas de divorce, à confier l'administration provisoire et la garde des enfants à telle ou telle personne *pour leur plus grand avantage.* Dictée par le seul intérêt du mineur, elle fait fléchir la puissance paternelle dans la mesure où sa protection l'exige, elle rompt les engagements civils qui lient l'enfant à ses parents en tant qu'ils peuvent être pour lui une source de préjudice, sans toucher aux obligations qui sont le fait de la nature, comme la dette alimentaire [1].

(1) Circulaire ministérielle du 16 août 1889. *Bulletin ministère de l'intérieur,* 1889, page 288.

Différences entre la déchéance relative portée par l'article 334 et la déchéance absolue créée par la loi de 1889.

Avant 1889, nous l'avons vu, on ne connaissait que deux cas de déchéance de la puissance paternelle, l'un prévu par le Code pénal et relatif à l'attentat aux mœurs commis en favorisant habituellement la débauche de l'enfant, l'autre écrit dans la loi de 1874 précitée. Mais les restrictions qui en résultent, outre qu'elles visent seulement le droit de garde et de surveillance, ne frappent le père que dans ses rapports avec sa victime et lui conservent intégralement son autorité sur ses autres enfants. Toutefois de nombreux arrêts étaient venus corriger cette anomalie. Après la Cour de cassation, la Cour de Douai, dans un arrêt du 27 février 1888, avait jugé que le père tuteur destitué de la tutelle pour inconduite notoire devait être privé des attributs de la puissance paternelle. Cependant des hésitations se sont produites dans la jurisprudence, et certains tribunaux ont pensé, qu'en l'absence d'un texte formel, ils n'avaient pas le droit d'enlever au père l'administration de la personne de ses enfants. Quoi qu'il en soit, la difficulté ne se soulève plus avec la nouvelle loi qui retire aux juges le droit de toucher à l'exercice de la puissance paternelle pour le restreindre ou le modifier suivant la diversité des espèces. Leur mission est désormais précisée : au lieu de pouvoir enlever au père la garde de ses enfants mineurs sans pour cela prononcer de déchéance, ils ont désormais le droit de déclarer le père déchu de la puissance paternelle, mais ne peuvent pas fractionner les attributs de cette puissance.

Les effets de la déchéance ont une portée plus générale et plus absolue. A l'avenir, les parents et ascendants condamnés dans les conditions et pour les causes qui vont être énumérées seront déchus à l'égard de tous leurs enfants nés et à naître de tous les droits qui découlent de la puissance paternelle ou qui s'y rattachent. Ils perdent le droit de garde, de correction, celui de les émanciper, d'administrer leurs biens et d'en jouir jusqu'à l'âge de dix-huit ans, de leur désigner un tuteur. Ils n'ont plus qualité pour consentir à leur mariage ou à leur adoption, pour intervenir en leur nom à un contrat d'apprentissage, pour les autoriser à contracter un engagement dans l'armée. Ils sont incapables d'être tuteurs, subrogé-tuteurs, curateurs ou membres d'un conseil de famille. Bref, c'est la suppression de l'ensemble des prérogatives inhérentes à la direction de la famille. La déchéance encourue par les père et mère est totale et constitue un état indivisible. Les expressions énergiques de la loi et les travaux préparatoires en fournissent la preuve. On lit quelque part dans le rapport de M. Courcelle-Seneuil : « Le Conseil d'État n'a pas admis qu'un enfant pût être utilement soumis à deux puissances rivales, celle du père et celle du tuteur, ni que la première pût intervenir dans les actes de l'autre; il n'a pas compris qu'on pût être père à demi, au tiers ou au quart. » Il ne saurait y avoir aucun doute sur la volonté du législateur.

Les ascendants peuvent-ils être déchus de la puissance paternelle?

Dans son article 1er, la loi du 24 juillet 1889 prononce contre les ascendants, en même temps que contre les père et mère, et dans les mêmes cas, la déchéance de plein droit de la puissance paternelle. C'est là une assimilation trop absolue. A vrai dire, les ascendants ne peuvent être déclarés déchus de pouvoirs qu'ils n'ont pas. Mais, à raison de leur parenté, ils jouissent de droits particuliers qui font partie de l'autorité paternelle : tels le droit de surveillance des enfants mineurs du père qui a disparu; si la mère était décédée lors de cette disparition, le droit de consentement et d'opposition au mariage; à défaut des père et mère, celui d'attaquer le mariage contracté au mépris de leur consentement. Ils occupent dans la famille une place à part, que les rédacteurs de la loi ont eu le tort d'exagérer.

Causes de déchéance. — 1° Cas où elle est obligatoire.

L'examen des causes de déchéance énoncées par les articles 1 et 2 permet de poser en principe que toutes supposent une menace pour la personne ou la moralité de l'enfant. Ainsi, quand les parents ont été condamnés : 1° une fois en vertu de l'article 334, § 2, du Code pénal ; 2° ou pour crimes sur la personne d'un ou plusieurs de leurs enfants. ou comme coauteurs ou complices d'un crime commis par ceux-ci ; 3° deux fois comme auteurs, coauteurs ou complices d'un délit commis sur la personne de leurs enfants ; 4° deux fois pour excitation habituelle à la débauche de mineurs autres que leurs enfants, ils encourent de plein droit la déchéance, et le juge ne peut s'abstenir de la prononcer. La nature et la gravité des faits ou la répétition de ces agissements coupables démontrent l'indignité absolue des coupables et justifient les dispositions impératives de la loi.

2° Cas où elle est facultative.

Il est d'autres cas dans lesquels la déchéance est facultative et abandonnée à la libre appréciation des tribunaux. Cela arrive dans l'hypothèse où les père et mère ont été condamnés aux travaux forcés à temps ou à la réclusion comme auteurs ou complices d'un crime de droit commun, dans celle où ils ont subi une seule condamnation pour excitation habituelle de mineurs à la débauche ou deux condamnations pour séquestration, suppression, exposition ou abandon d'enfants ou pour vagabondage.

Toutefois, les crimes ou délits auxquels fait allusion l'article 2 sont ceux dont les propres enfants des condamnés n'ont pas été victimes.

L'article 1er s'occupe sans exception de toutes les infractions dont les père et mère se rendent coupables vis-à-vis de la personne de leurs enfants. C'est ce qu'a décidé la Cour suprême, le 8 mars 1890 [1], en cassant un arrêt de la Cour d'assises de la Drôme du 26 octobre 1889 qui avait condamné une veuve Montel à cinq ans de réclusion pour suppression de son enfant né vivant sans prononcer la déchéance encourue de *plano* par elle. Elle ne faisait que confirmer ces paroles du rapporteur de la loi à la Chambre des députés : « S'agit-il de délits commis par le père ou la mère sur la personne de leurs enfants, deux condamnations seront nécessaires pour la déchéance de la puissance paternelle. S'agit-il d'un crime ? alors une condamnation suffit. »

Le prononcé de la déchéance peut encore avoir lieu : 1° si les parents ont été condamnés pour ivresse manifeste et publique en récidive correctionnelle, par application de l'article 2 § 2 de la loi du 23 janvier 1873, ou pour avoir contrevenu aux prescriptions des articles 1, 2 et 3 de la loi du 7 décembre 1874 sur la protection des enfants employés dans les professions ambulantes ; 2° si leurs enfants ont été conduits dans une maison de correction en vertu de l'article 66 du Code pénal. On veut éviter qu'au moment de leur mise en liberté, ils retombent dans une dépendance dangereuse ; 3° lorsque enfin, en dehors de toute condamnation, les père et mère, par leur inconduite notoire et scandaleuse ou par de mauvais traitements, compromettent la santé, la sécurité et la moralité de leurs enfants.

C'est à ce dernier alinéa que la loi a emprunté son nom : il tend en effet à empêcher les enfants de croupir dans un abandon moral pire que l'abandon matériel, en les arrachant à l'état habituel de mendicité, de vagabondage ou de prostitution auquel les réduit la vie de désordre de leurs éducateurs. Forcée ou facultative, la déchéance est irréductible ; elle ne respecte que l'obligation aux aliments dont l'enfant reste tenu envers ses ascendants déchus.

(1) Cassation, 8 mars 1890. DP.1890.1.233.

Procédure de l'action en déchéance.

L'action en déchéance est introduite devant la Chambre de conseil du tribunal du domicile ou de la résidence du père ou de la mère par un parent de l'enfant jusqu'au degré de cousin germain ou par le ministère public. Elle fait l'objet d'un mémoire adressé au président du tribunal énonçant les faits de nature à prouver l'indignité de ceux dont la déchéance est demandée et qui leur est notifié. Puis, après enquête du parquet, avis du juge de paix et délibération du conseil de famille dans le cas où il a été convoqué, la Chambre du conseil entend le rapport du juge-commissaire, les explications des parents, les réquisitions du ministère public et rend son jugement en audience publique. Pendant l'instance elle peut ordonner relativement à la garde et à l'éducation de l'enfant telles mesures provisoires qu'elle juge opportunes. Très souvent elle ordonne la remise de l'enfant à l'Assistance publique. Alors le préfet du département, averti de cette décision par le procureur de la République, la fait exécuter d'urgence en plaçant provisoirement l'enfant dans le service des enfants assistés. La déchéance peut aussi être prononcée par les tribunaux répressifs en même temps que la condamnation qui la motive, si cette condamnation est prévue aux articles 1 et 2 §§ 1, 2, 3, 4. En cas de déchéance facultative, le même jugement statuera sur les droits de la mère à l'égard des enfants nés et à naître.

A compter du dessaisissement des pouvoirs paternels, les enfants sont orphelins légaux, c'est-à-dire orphelins en vertu de la loi qui les soustrait à une influence néfaste à laquelle elle substitue une tutelle organisée sous la surveillance de l'Etat. Quand la mère est prédécédée ou déclarée déchue, ou quand l'exercice de l'autorité enlevée au père ne lui est pas confié, le tribunal décide si la tutelle sera constituée conformément au droit commun, sans que toutefois le particulier désigné soit obligé d'accepter cette charge et sans que ses biens soient grevés *ipso facto* de l'hypothèque légale du mineur. Si la tutelle n'a pas été ainsi constituée, elle est exercée par l'Assistance publique qui a la faculté de remettre les mineurs à d'autres établissements et même à des particuliers. Ces derniers, sûrs du lendemain, peuvent se consacrer en toute sécurité à l'œuvre de régénération qu'ils ne verront pas entravée par les revendications suspectes des parents.

Tant que dure l'instance en déchéance, toute personne peut s'adresser par voie de requête au tribunal pour se faire remettre l'enfant. C'est là une tutelle d'un nouveau genre qui s'analyse en un acte de bienfaisance ne conférant au pupille aucun droit présent ou futur sur les biens de son tuteur; elle prend fin d'ailleurs dès que l'enfant est en mesure de se subvenir à lui-même, et alors il ne reste entre la personne charitable et son protégé qu'un lien purement moral. La loi a donc eu tort d'employer les expressions « tuteur officieux » qui pourraient faire croire à la création d'un cas particulier de tutelle officieuse, telle qu'elle existe dans le Code civil.

Lorsque l'enfant a été placé chez un particulier par l'Assistance publique, celui-ci pourra après trois ans demander au tribunal que la garde de l'enfant lui soit maintenue dans les conditions de la nouvelle tutelle. Il prend ainsi la charge des dépenses relatives à son entretien.

Aux termes de l'article 12, le jugement, en prononçant sur la tutelle, fixe le montant de la pension qui devra être payée par les parents tenus aux aliments ou déclare, qu'en raison de l'indigence des ascendants, il ne leur sera réclamé aucune pension. Il ne faut pas se dissimuler que presque jamais l'administration tutrice ne devra compter sur le concours pécuniaire des gens dont elle prendra les enfants à sa charge ; puisque ceux-ci ont la nation pour père, c'est elle qui, avec ses seules ressources, supportera les frais de leur éducation et de leur entretien.

Restitution de la puissance paternelle.

La destitution qui a frappé les parents n'est pas irrémissible, et quand, par une conduite irréprochable, ils ont manifesté un repentir sincère de leurs fautes passées, ils ont le droit d'introduire une demande en restitution de la puissance paternelle. Si la déchéance a été la suite de condamnation, leur action ne sera recevable que du jour ou ils auront obtenu leur réhabilitation. Quand on leur a fait application des paragraphes 5 et 6 de l'article 2, ils ne peuvent solliciter la cessation de leur indignité que trois ans après le jugement de déchéance devenu définitif. Le tribunal est saisi par une simple requête accompagnée d'un mémoire du ministère public ; il entend le tuteur, prend l'avis du conseil de famille et statue ensuite.

En cas de rejet de la demande en réintégration, un second recours est interdit aux parents, sauf à la mère après la dissolution du mariage. C'est là une disposition rigoureuse que nécessitait l'intérêt des mineurs ; il serait fâcheux que l'on puisse régulièrement mettre en jeu leur état tous les deux ans, comme le proposait la Commission de la Chambre, surtout si l'on pense que les réclamations des parents, souvent dictées par l'intérêt, se produiront à l'époque où l'enfant commence à se suffire.

De la délégation des pouvoirs paternels.

Le titre II traite de la protection des mineurs que l'administration de l'Assistance publique, les associations de bienfaisance autorisées à cet effet et même les particuliers jouissant de leurs droits civils, recueillent d'accord avec le père, la mère ou le tuteur. Le projet adopté par le Sénat créait des contrats de dessaisissement de la puissance paternelle soumis à l'approbation du juge de paix : il privait les parents, jusqu'à la majorité de l'enfant, des droits de garde, de correction, de gestion des biens, de consentement au mariage ou à l'enrôlement dans l'armée. Mais, sur les observations de M. Courcelle-Seneuil, conseiller d'Etat, on abandonna ce système pour décider que si les parents ont en fait délaissé leurs enfants, ou les ont confiés à autrui en lui consentant une délégation de partie de leurs droits, ils ont abdiqué volontairement la puissance paternelle. Dès lors, pour éviter que le père, après avoir laissé à d'autres le soin d'élever son enfant vienne le reprendre quand il lui vaut un bénéfice, l'autorité judiciaire investit l'Etat des droits délaissés par celui-là et remet seulement leur exercice à l'établissement intéressé ou au gardien de l'enfant. Mais il faut, pour atteindre ce résultat, que la requête présentée au tribunal à l'effet de transporter à l'Assistance publique les pouvoirs paternels soit déposée par les parties intéressées agissant conjointement, c'est-à-dire par les représentants du mineur et par l'Assistance publique ou les associations hospitalières. Il est bien évident que l'autorité judiciaire ne saurait donner force obligatoire qu'au contrat basé sur le consentement des deux parties en cause.

Quid, si les parents reprennent leur consentement avant que le tribunal ait statué? Dans ce cas, l'administration sera obligée de rendre l'enfant, sauf à prévenir le procureur de la République qui, lorsque un danger sérieux lui sera révélé, intentera une action en déchéance et provoquera de la Chambre du Conseil des mesures provisoires.

Supposons en second lieu qu'un mineur de seize ans abandonné est recueilli sans l'intervention de ses père, mère ou tuteur par une société de bienfaisance autorisée expressément ou par un particulier. La déclaration en sera faite dans les trois jours au maire de la commune et à Paris aux commissaires de police, à peine d'une amende de 5 à 15 francs et de l'application de l'article 482 en cas de récidive. De leur côté, les maires, et les commissaires de police doivent transmettre dans le délai de quinzaine ces déclarations aux préfets, et dans le département de la Seine au préfet de police, qui ont un nouveau délai de quinzaine pour les notifier aux parents de l'enfant. Une période de trois mois s'est écoulée depuis la déclaration sans qu'ils aient, bien qu'officiellement avertis, réclamé leur enfant. Ils ont commis un abandon de fait qui permet aux protecteurs du mineur d'adresser au président du tribunal une requête afin d'obtenir, dans l'intérêt de l'enfant, l'exercice de tout ou partie des droits de la puissance paternelle qui est dévolue alors par le même jugement à l'assistance publique en vertu d'une subrogation de plein droit de l'Etat à la famille indigne.

Le père qui veut recouvrer les prérogatives dont on l'a dépossédé s'adresse au tribunal de la résidence de l'enfant par voie de requête visée pour timbre et enregistrée gratis. Après avoir entendu les protestations de l'Assistance ou du particulier intéressé, les juges, guidés par l'avantage de l'enfant, ou bien décident qu'il n'y a pas lieu de faire droit aux réclamations des parents, ou bien ordonnent la remise. Dans le premier cas, ils peuvent, le ministère public entendu, prononcer la déchéance de la puissance paternelle et maintenir à l'établissement ou au tiers gardien les droits que lui ont conférés les art. 17 et 20; dans le second, ils déterminent l'indemnité due à celui qui a eu la charge de l'enfant ou déclarent qu'à raison de la situation précaire des parents, il ne sera rien alloué. Leur indigence ne doit point paralyser l'action en remise qu'ils sont fondés à intenter.

L'enfant, une fois soustrait aux fâcheux effets de la puissance paternelle, reste exposé à un autre danger. On verra quelquefois la tutelle convoitée avec une ardeur suspecte par une personne qui nourrit le secret espoir de l'exploiter. Contre cette éventualité la loi a rendu le mandat de protection essentiellement révocable. Usant des larges pouvoirs de surveillance dont il est investi, le préfet, représentant direct de l'Etat, devra, si l'enfant est placé dans de mauvaises conditions, se pourvoir devant le tribunal afin d'obtenir que le particulier incriminé soit dessaisi de tous ses droits. L'assistance publique, par les inspecteurs départementaux des enfants, jouit de la même faculté d'action.

En résumé, pour assurer le succès de cette magnifique entreprise de relèvement des enfants moralement abandonnés, on a minutieusement organisé le service d'assistance. A l'avenir, l'enfant mis à l'abri des revendications coupables de ses parents, protégé contre l'exploitation d'un tuteur avide, séparé définitivement d'une souche gangrenée, grandira à l'école de l'honnêteté, sous le contrôle du pouvoir social et la protection des tribunaux.

La loi ne s'applique pas aux enfants naturels non reconnus ni aux étrangers.

Est-ce que, d'une façon générale, la loi de 1889 protège tous les enfants quelles que soient leur condition juridique et leur nationalité ?

Si l'affirmative n'est pas douteuse en ce qui concerne les enfants légitimes et les naturels reconnus, la solution contraire paraît seule admissible lorsqu'il s'agit d'enfants naturels non reconnus. Tout dernièrement, le tribunal de Vervins était appelé à trancher la question dans les circonstances suivantes: Une fille M..., mère de trois enfants non reconnus qu'elle élevait dans le spectacle de son inconduite, fut signalée au préfet de l'Aisne qui invita le procureur de la République de Vervins à requérir la déchéance de la puissance paternelle, en vertu du paragraphe 6 de l'article 2. A bon droit le parquet objecta que ses réquisitions seraient sans fondement, la fille M... n'ayant aucun droit légal sur les enfants réclamés par l'Assistance publique. Vainement l'autorité administrative alléguait que, dans l'espèce, ces enfants jouissaient d'une possession d'état constante résultant de l'indication du nom de la mère sur leurs actes de naissance et de leur identité avec ceux dont la femme était accouchée. C'était demander au ministère public d'exercer un droit exclusivement attaché à la personne de l'enfant qui, si la mère conteste son état, peut seul agir dans son intérêt en recherche de maternité naturelle. De plus, la filiation civile qui unit l'enfant naturel à ses parents et de laquelle découle la puissance paternelle ne devient constante que par une reconnaissance, soit volontaire, soit judiciaire, et par suite la possession d'état ne peut suppléer à cette reconnaissance ni à l'égard du père ni à l'égard de la mère [1]. On ne saurait d'ailleurs tirer argument de la mention du nom de la mère sur l'acte de naissance puisque cette constatation d'un fait matériel par l'officier de l'état-civil n'a aucune valeur probante que les juges soient autorisés à prendre en considération.

Cependant, pour éviter toute apparence de conflit entre l'administration et l'autorité judiciaire, le parquet de Vervins saisit le tribunal de la requête du préfet, et voici la décision qui intervint [2] : « Attendu qu'il y a lieu pour le tribunal saisi d'une demande en déchéance de la puissance paternelle dirigée contre la demoiselle M..., en ce qui concerne trois enfants mineurs habitant avec elle, de rechercher préalablement si la puissance paternelle appartient légalement à la défenderesse sur lesdits enfants. Attendu qu'il résulte de l'examen de leurs actes de naissance que ces enfants ont été déclarés à l'état-civil par des tierces personnes ayant assisté ou coopéré à l'accouchement comme nés de la demoiselle M... et de père inconnu. Que ladite demoiselle M... n'a depuis lors fait aucun acte de reconnaissance formel en ce qui les touche. Que s'il peut résulter des circonstances de fait des indices graves de nature à suppléer au défaut de reconnaissance desdits enfants par leur mère naturelle, il n'appartient pas au tribunal de statuer d'office sur une question de filiation dont il n'est pas saisi. Par ces motifs, dit qu'il n'y a lieu à statuer. » « Et déboute le ministère public de sa requête », eût dû ajouter le jugement pour être irréprochable.

Depuis, le différend a été soumis à M. le Ministre de l'intérieur qui, d'accord avec son collègue de la justice, prit, à la date

(1) Aubry et Rau, tome 4, page 687.
(2) Vervins, 3 octobre 1890, inédit.

du 7 février 1891, une décision que nous ne pouvons approuver. Quand, disait-elle en substance, l'Assistance publique sera appelée à la tutelle d'enfants naturels non reconnus, il y aura lieu d'appliquer aux parents, *par assimilation*, l'article 23 de la loi du 24 juillet 1889, c'est-à-dire que le préfet du département devra obtenir du tribunal un jugement enlevant au père ou à la mère tout droit sur ces enfants. Mais, répondons-nous, puisque ces personnes ne tiennent absolument aucun pouvoir de fait de la naissance, puisque l'on ne peut retirer à quelqu'un ce qu'il n'a pas, la requête de l'administration sera sans objet et les juges auront le devoir de la rejeter. Le seul moyen pratique de tourner la difficulté consiste, à notre avis, dans la mise en demeure adressée au père ou à la mère de reconnaître ses enfants. A cet effet, on lui impartira un délai passé lequel il sera dépossédé, même *manu militari*, de la garde de fait qu'il exerce sans droit.

Le dessaisissement de la puissance paternelle, préliminaire forcé de l'organisation de la tutelle, est non pas une mesure pénale mais une nécessité juridique. Dès lors, les étrangers ne sauraient être soumis à l'application de cette loi. C'est du statut personnel que relève l'autorité du père sur la personne et les biens de son enfant, en tant qu'elle ne porte pas atteinte à l'ordre public français. D'autre part, les dispositions relatives à la déchéance ne sont pas assimilables à une loi de police et de sûreté obligeant tous ceux qui habitent le territoire. Malgré cela, l'enfant étranger victime d'un pouvoir despotique et inhumain trouvera toujours une protection efficace dans nos lois pénales et dans les mesures provisoires que les tribunaux français se sont constamment reconnu le droit d'ordonner, même entre étrangers. Les restrictions qu'ils apporteraient à l'autorité du père d'origine étrangère resteraient une mesure platonique dès que ce dernier passerait la frontière.

Critique de la loi.

Quelle conclusion donner à ces développements? Un magistrat a pu dire justement que la loi de 1889 « constitue le progrès le plus décisif fait en France pour la protection de l'enfance », mais elle n'est cependant pas exempte de critique. A notre avis, en conservant un caractère purement civil, la *capitis minutio maximæ* infligée aux parents, si elle apparaît aux classes élevées comme une flétrissure terrible, semble au contraire une prime donnée à l'indignité des parents pauvres, et l'on voit des ménages exonérés de leurs charges de famille par un jugement qui leur enlève leurs enfants sans qu'aucune sanction intervienne. Pour ces individus sans conscience, sans amour-propre, cette loi pourrait s'intituler : loi sur la délivrance de la puissance paternelle ! Il faudrait plutôt que tous les parents indignes et incapables de payer une pension fussent, par la décision qui les déchéoit, condamnés à une peine répressive qui leur fît comprendre quelle lourde faute ils ont commise en négligeant leurs enfants ou en dirigeant mal leur éducation. Avec la législation actuelle, le sentiment de la responsabilité s'émousse; beaucoup oublient que la procréation fait naître des obligations sacrées. Combien nous eussions préféré voir adopter le principe de la loi du 7 décembre 1871 qui en destituant les parents les punit. Il eût exercé une action salutaire sur ces habiles qui sont tentés d'user d'un moyen par trop commode pour se débarrasser des devoirs que leur imposent la nature et la loi.

A un autre point de vue, le législateur s'est montré bien absolu en retirant la direction de tous ses enfants nés et à naître au père ou à la mère qui a exercé de mauvais traitements sur un seul d'entre eux. Qu'en cas d'inconduite notoire et scandaleuse il ait pris cette mesure générale pour soustraire les mineurs à un milieu corrompu, rien de mieux ; mais dans l'hypothèse précitée, peut être a-t-il pêché par excès le zèle. Presque toujours en effet, dans les familles nécessiteuses, il n'y a qu'un souffre-douleur, un paria qui ne connait point les caresses réservées à ses frères et sœurs, soit qu'il ait une origine adultérine, soit que d'instinct le sentiment maternel s'éloigne de lui. Pourquoi solidariser son sort avec celui des autres enfants qui sont bien traités? Pourquoi augmenter les charges déjà si lourdes de l'Assistance publique et priver du même coup le ménage des bras qui le nourrissent? Dans une famille composée de sept ou huit enfants, parce que les parents méconnaltront leurs devoirs à l'égard d'un ou de plusieurs, vous mettez les juges dans l'alternative ou de refuser à ces jeunes victimes la protection de la loi ou d'enlever les huit enfants à leur père et mère! Déjà certains tribunaux touchés de cette fâcheuse extrémité et pour les raisons fiscales que nous avons fait entrevoir, ont apporté à la lettre trop absolue du texte les tempéraments que nous voudrions voir consacrés législativement et se contentent de remettre à l'Etat le ou les enfants en butte aux sévices de leurs parents.

Ces réserves faites, nous sommes les premiers à reconnaltre l'influence heureuse que la nouvelle loi ne manquera pas d'avoir. Moralisante et civilisatrice elle arrêtera certains parents sur la pente du mal et fera des hommes des jeunes vauriens qu'une fatalité attirait jusqu'à présent sur la route du bagne et de l'échafaud.

Droit comparé.

Allemagne. — En Prusse, les mineurs abondonnés par leurs parents ou ascendants sont à la charge de la commune représentée par les comités des pauvres. Ou bien l'Etat les reçoit dans les orphelinats ou les place chez des particuliers moyennant pension.

En Saxe, les communes sont tenues de veiller à l'avenir social des enfants placés dans les colonies d'orphelins ou dans des familles au compte de la caisse hospitalière et de les pourvoir, en vue de leur apprentissage, des vêtements et outils nécessaires. Une ordonnance du 5 juillet 1875 a organisé dans chaque commune un conseil d'orphelins placé sous le contrôle d'un tribunal de tutelle. Lorsque le mineur délaissé est admis dans un établissement appartenant à l'Etat ou à la commune, on lui donne pour tuteur le chef de l'établissement, qui peut être destitué en cas d'indignité par le tribunal de tutelle.

Espagne. — D'après un règlement du 14 mai 1852, les enfants abandonnés, pupilles des juntes de bienfaisance, sont confiés à des laboureurs et à des artisans recommandables sous tous les rapports.

Etats-Unis. — Aux Etats-Unis, chaque Etat possède une législation spéciale concernant la protection de l'enfance pauvre ou abandonnée. Ainsi, à New-York, aux termes d'une loi du 6 avril 1878, l'enfant remis aux soins de la Société de bienfaisance, soit par ses parents, soit par le maire de la ville ou le juge du comté qui sont ses tuteurs d'office à défaut de parents, peut être placé en apprentissage par les directeurs de l'orphelinat. S'il est complètement abandonné, un juge de la Cour a la faculté de confier son éducation à des particuliers ou à une association charitable qui assurera son avenir. Les orphelins et les enfants moralement abandonnés sont placés dans les *écoles primaires* de l'Etat. Ceux qui, par suite de la négligence coupable de leurs parents, se rendent coupables de fautes légères, sont placés sous la tutelle des commissaires de l'Etat, *state board*, dans les familles ; s'ils se montrent incorrigibles, on les envoie aux écoles de réforme.

A Boston, l'autorité judiciaire remet aux *directeurs des institutions publiques* les enfants négligés, c'est-à-dire les mineurs de seize ans « qui, pour des raisons de négligence, de crimes d'intempérance ou d'autres vices des parents, ou qui, étant orphelins, sont destinés à grandir sans le contrôle salutaire des parents et sans éducation, ou que les circonstances exposent à mener une vie de paresse et de dissipation ». L'asile des garçons est à Roxbury, celui des filles à Deer Island.

HOLLANDE. — De même qu'en France sont déchus de la puissance paternelle les coupables d'outrage public à la pudeur, la personne mariée qui commet un adultère, le célibataire qui s'en rend complice, les père, mère ou tuteur qui attentent aux mœurs de leurs enfants en favorisant leur débauche.

ITALIE. — Placée sous le contrôle de la famille et du ministère public l'autorité paternelle reçoit d'importantes limitations. Si le père ou la mère abuse de sa puissance par la violation ou la négligence de ses devoirs, par une mauvaise gestion du pécule de l'enfant, il appartient au tribunal de nommer un tuteur à cet enfant ou un curateur à ses biens, de priver les parents de l'usufruit en tout ou en partie, enfin de prescrire toutes mesures dans l'intérêt de l'enfant. Les plus proches parents et le ministère public surveillent concurremment les actes du tuteur.

RUSSIE. — Sont déchus de la puissance paternelle : 1° le père condamné à la dégradation civique qui n'emmène pas son enfant dans le lieu où il subit sa peine ; il recouvre ses droits en cas de grâce ; 2° les parents qui exposent leurs enfants, prostituent leur fille ou contractent une seconde union incestueuse. Dans ces deux hypothèses, la tutelle est confiée à la mère ou à un tuteur nommé par le conseil de famille. Lorsque les parents abusent de leurs pouvoirs en maltraitant leurs enfants, le juge peut, à la requête de la famille ou d'étrangers, prononcer la destitution.

SUÈDE ET NORWÈGE. — Une loi du 9 juin 1871 pose en principe que toute personne valide est tenue de s'entretenir, elle et ses enfants mineurs, afin de ne pas les laisser tomber à la charge de l'Assistance publique. Celui qui par paresse plonge sa famille dans le dénûment ou emploie ses enfants à la mendicité encourt la peine du travail public.

La Norwège est le pays où la puissance paternelle a subi les plus graves altérations. Ainsi le droit d'éducation est exercé sous la surveillance d'une Commission des écoles composée de pasteurs et de notables, qui a pour mission de dénoncer à la commission des pauvres les enfants délaissés. Cette Commission des pauvres qui est un des rouages les plus importants de l'Assistance publique, tient de la loi du 6 juin 1863 le droit de retirer l'enfant à sa famille naturelle et de le confier à un autre ménage. Quand une tutelle spéciale a été constituée, un Comité d'administration communale la surveille, substitue ses décisions à celles du père ou du tuteur, sous le contrôle de la Commission des pauvres. Appel peut être interjeté devant un Conseil électif qui juge souverainement.

CONCLUSION

Est-il possible d'améliorer la loi protectrice de l'enfance? Les développements de cette étude permettent de répondre affirmativement. Comme nous l'avons déjà dit, le Code de 1810 a le défaut d'être vieilli ; devenu réactionnaire dans le sens social du qualificatif, il est ou trop indulgent ou trop rigoureux. Telle infraction est punie avec une sévérité presque draconienne, alors que telle autre bénéficie d'une tolérance tout à fait blâmable. Plus que toute autre, la loi pénale demande à s'accommoder avec la marche incessante du progrès, à s'harmoniser avec les aspirations de chaque époque. Quand l'imagination humaine enfante de nouveaux actes coupables, il est nécessaire d'y remédier par de nouvelles dispositions. C'est parce que ce travail de perfectionnement sans trêve a été trop négligé qu'aujourd'hui des esprits clairvoyants conçoivent de vives inquiétudes sur l'avenir même du pays.

Les critiques que nous avons formulées au cours de ce travail établissent qu'il faut d'urgence protéger plus efficacement la jeune fille, la femme, l'enfant. La jeune fille, en reculant de seize à vingt-un ans la peine portée contre quiconque l'enlève ou la détourne; victime du piège qui lui a été tendu, de son ignorance et de l'indifférence de ses parents, séduite et livrée à ses propres forces, elle n'a ni le pouvoir de nourrir son enfant ni la facilité de le soigner; c'est alors qu'il meurt d'inanition ou qu'elle s'en débarrasse par l'assassinat. La femme, en l'empêchant de travailler pendant les premiers temps qui suivent son accouchement et en lui fournissant des secours, tant que durera ce chômage forcé. L'enfant nouveau-né, par une application plus stricte de la loi Roussel. On pourrait désirer aussi que des garanties particulières lui soient accordées contre les coups, les violences auxquelles il est exposé. Il suffirait pour cela d'introduire dans le Code l'article 14, titre 2 de la loi du 19 juillet 1791, ainsi conçu : « La peine sera plus forte si les violences sont commises envers les enfants de seize ans et au-dessous. » Cette innovation serait de toute justice, surtout en ce qui concerne les mauvais traitements exercés par les parents, puisque les coups portés à ascendants entraînent une aggravation des peines ordinaires.

Les dispositions récemment votées en faveur des enfants maltraités et moralement abandonnés ne seront suffisantes que le jour où la déchéance de la puissance paternelle engagera la responsabilité pénale des parents destitués.

Enfin, et surtout, les Pouvoirs publics doivent encourager de leur aide moral et pécuniaire les entreprises créées par les particuliers. Il est manifeste que la question des enfants n'en est plus à la période purement spéculative et que l'Etat n'est plus seul à s'en préoccuper. Bientôt les efforts privés concourront efficacement à sauver du vice et de la misère les enfants coupables et moralement abandonnés. Pour n'en citer qu'un exemple d'actualité locale, à Lille nous connaissons les projets de la distinguée et dévouée présidente de l'*Union des femmes de France* qui, avec l'appui de M. le Préfet du Nord, se propose de recueillir les enfants de la catégorie ci-dessus désignée dans les bâtiments de l'ancienne gendarmerie. Si ces projets ne sont pas encore réalisés, nous avons le ferme espoir qu'ils ne tarderont pas à l'être, avec de tels promoteurs. Mais encore une fois, il faut que l'Etat entre de compte à demi dans les sacrifices qu'ils nécessitent.

Pour faire œuvre utile, le législateur doit avoir constamment présentes à la pensée ces paroles qui donnent la vraie définition de la protection digne de ce nom : « Il n'y a qu'un être véritablement intéressant, qui mérite que l'on vienne toujours, sans cesse, sans trêve, sans restriction à son secours, parce qu'il peut toujours être malheureux, sans avoir jamais été coupable: C'est l'enfant ». (Alexandre Dumas fils.)

POSITIONS

DROIT ROMAIN

I. Le mariage de droit des gens était dissous par le divorce.

II. A partir de la loi Julia, le mari qui avait agi de *de moribus* ou par la *retentio propter mores* ne pouvait plus agir au criminel.

III. La loi Julia *de adulteriis* ne punissait pas l'adultère de mort.

IV. Le concubinat était une simple union de fait, impuissante à engendrer des effets civils.

V. A toutes les époques du droit romain, le mari a eu la propriété des biens dotaux.

VI. Il n'existait aucune obligation alimentaire entre les enfants nés en dehors du mariage et leur père.

DROIT FRANÇAIS

I. L'interdit judiciairement peut se marier durant un intervalle lucide.

II. Le mari n'a pas le droit de décacheter les lettres-missives adressées à sa femme.

III. L'enfant conçu après la disparition du mari de la mère est naturel simple et peut être reconnu par le mariage subséquent de la mère avec le véritable père.

IV. La dot mobilière de la femme dotale n'est pas inaliénable d'après le Code civil.

DROIT PÉNAL

I. La tentative d'avortement n'est pas punie par le Code pénal.

II. La déchéance de la puissance paternelle ne peut être prononcée contre la mère d'un enfant naturel non reconnu.

III. La loi du 24 juillet 1889 permet aux tribunaux de priver les ascendants de la puissance paternelle.

IV. Dans une poursuite en dénonciation calomnieuse à raison de faits imputés à un notaire et reconnus faux par la Chambre de discipline, le tribunal correctionnel doit surseoir à statuer jusqu'à ce que le juge d'instruction ait clos par une ordonnance de non-lieu la procédure ouverte sur ces mêmes faits contre l'officier ministériel.

DROIT INTERNATIONAL PRIVÉ

Un étranger défendeur ne peut exiger la caution *judicatum solvi* d'un demandeur étranger.

DROIT CONSTITUTIONNEL

Les Chambres législatives ne peuvent limiter d'avance l'étendue de la revision constitutionnelle à laquelle procédera le Congrès.

DROIT ADMINISTRATIF

L'autorité judiciaire devrait seule être investie du contentieux administratif.

Vu :
Le Président de la Thèse,
Lille, le 18 Juillet 1891.
E. GARÇON.

Vu :
Le Doyen de la Faculté,
Lille, le 18 Juillet 1891.
DRUMEL.

Vu et permis d'imprimer :
A Lille, le 18 Juillet 1891.
Le Recteur,
BAYET.

TABLE

Droit romain.

Droit français.

LILLE, IMP. VERLY, DUBAR ET Cie.

www.ingramcontent.com/pod-product-compliance
Ingram Content Group UK Ltd.
Pitfield, Milton Keynes, MK11 3LW, UK
UKHW021057230726
13926UKWH00004B/1895